"Después de haber [...] n relatadas por el escritor, Oscar Fuentes, con vivenc[...] onde se enfoca en la vida que tenemos la mayoría de la población. Actividades tan simples como reunirse para comer, celebrar un nacimiento o ir de vacaciones son momentos muy importantes para la felicidad diaria, en la existencia en este largo camino que llamamos año cumplido, en el cual vamos cimentando el concepto de familia. La familia no es solo un grupo de personas; es algo más importante. La familia es la base de la sociedad, en la cual debemos estar agradecidos de nuestros abuelos, de nuestros padres, por los principios y valores con los que nos criaron y debemos actuar con la obligación de transmitirlos a las generaciones futuras. Esto es lo que nos enseña este libro y nos recuerda que siempre debemos ser mejores personas."

— Manuel Gómez

"*Reliquias del Corazón* es una lectura obligada para estos tiempos en los que el tiempo escasea. ¿Y entonces? Hay que hacer espacio para su lectura necesaria. Un espacio que no tomará mucho tiempo, ya que *Reliquias del Corazón* es tan delicioso que se devora y, al mismo tiempo, se queda en el paladar tras su lectura. Corriendo contra el reloj de la vida, Oscar Fuentes se ha apresurado a recabar anécdotas de su padre, cuentos y memorias antes de que el viejo se vaya y con él su historia. Y así estamos ante un álbum de familia, de esos que guardan las fotos de nuestras celebraciones, grandes acontecimientos y momentos felices. *Reliquias del Corazón* es ese álbum, un archivo de su familia como solo el poeta de la Bahía vizcaína de Miami, The Biscayne Poet, puede lograr. Un viaje al pasado, a una tarde soleada en casa de los abuelos en la colonia San Cristóbal de Honduras. Una pelea de gallos en Siguatepeque. El aroma de una sopa de gallina con leche de coco. Un buque lleno de café hondureño. Y Manhattan. Su Manhattan, cuna del autor. Fuentes nos lo cuenta todo. Las lágrimas y el sudor. Las risas y la felicidad. Los altibajos. Todo resultado de vivir. *Reliquias del Corazón* es una historia latinoamericana y, a la vez, universal. Nos identificamos con ella. El autor nos ha hecho un gran regalo con este libro. Un regalo que brota del corazón. Con él nos invita a recordar nuestras raíces y reflexionar sobre ellas porque el tiempo apremia. Porque, como bien ha sabido el autor, para saber cómo llegamos a donde estamos y por qué somos como somos, tenemos que volver con quién y de dónde vinimos."

— Miguel Garrote

"Con *Reliquias del Corazón*, Oscar nos transporta en el tiempo con delicadeza, dejándonos sentir el legado de las historias de su familia con una nostalgia poética. Paginas que describen un mundo de recuerdos densos de vida, dan valor a la union de afectos familiares que él narra con gracia y detalle."

— Claudio Marcotulli

"Oscar nos lleva a la tierra dulce y luminosa de la infancia, al calor del hogar, al amor incondicional. Viajamos con él como espectadores de las anécdotas de una familia unida por el amor, sus encuentros y desencuentros, desde sus abuelos pasando por sus padres, tíos, primos y hermanos. La fuerza y el amor de las mujeres de su familia están claramente delineados y tejen esa unión familiar que es el motor para seguir adelante a pesar de las dificultades y complejidades de la vida. En la abuela Fina encontré rasgos de mi propia abuela y volví con nostalgia a su regazo tibio en donde siempre me sentí a salvo. Estas pequeñas historias tienen esa virtud de devolvernos a los momentos felices de nuestras vidas. Los relatos no son ajenos al entorno cultural y destaca entre ellos "Pelea de gallos", una tradición que nos toca a todos los latinoamericanos y que es tan pintoresca como real."

— Claudia Solis

Diseño de portada Copyright © 2024 por Nila Duranza
Editado por Flor Ana Mireles

1ª Edición | 01
ISBN de tapa blanda: 979-8-9906352-5-8

Publicado por primera vez en julio de 2024

Para consultas y pedidos al por mayor, envíe un correo electrónico a:
indieearthbooks@gmail.com

Impreso en los Estados Unidos de América 1 2 3 4 5 6 7 8 9

Indie Earth Publishing Inc.
| Miami, FL |

www.indieearthbooks.com

Reliquias del Corazón:

Historias de mi Familia

Oscar Fuentes
alias
The Biscayne Poet

Agradecimientos

En primer lugar, ofrezco mi más profundo agradecimiento a mis tíos, tías y primos de ambos lados de mi familia, quienes generosamente compartieron sus historias conmigo, ayudándome a juntar los fragmentos dispersos de nuestra historia como un rompecabezas hasta que la imagen completa emergió. Gracias a mi hermosa esposa, Carmen, por su apoyo inquebrantable en todos mis proyectos artísticos y multidisciplinarios; su aliento generoso mantiene una parte de mi corazón salvaje e indomable.

Estoy inmensamente agradecido con mi madre y mi padre por los sacrificios que hicieron a lo largo de su vida para que mi hermana, mi hermano y yo pudiéramos tener un futuro mejor. Su amor desinteresado e incondicional ha sido una fuente profunda de inspiración, guiándome a ser un hijo amoroso, esposo y el mejor padre que puedo ser para mis hijos. Aunque ninguna familia es perfecta, he aprendido que reconocer nuestras imperfecciones nos ayuda a comprender, perdonar y aceptarnos a nosotros mismos y a nuestros seres queridos, y a asumir la responsabilidad de cómo vivimos nuestras vidas y contamos nuestra historia familiar.

También extiendo mi sincero agradecimiento a mi editora Flor Ana y editorial Indie Earth Publishing quienes me animaron a seguir adelante con este libro para honrar los principios y la humildad de mi padre, para preservar su memoria y para vivir mi vida apreciando los valores que mis antepasados atesoraban.

Un agradecimiento especial va para mi hermana Gissel, Toño, Marcos, Emily, Victoria, Camila, Katia, Andrés, Daniel, Valeria, Belkis, Milagros, Ricardo, Chad, Sophy, Marcelo, Natacha, Mariana y María por todo el amor que traen a nuestra hermosa familia hoy. Quiero agradecer a mis tíos Alonso y Marcos, quienes siempre fueron muy amorosos y especiales para mí cuando era niño, curioso por su manera de tocar la trompeta y sus habilidades futbolísticas en el campo. Siempre serán recordados con mucho amor y admiración.

Por último, mi gratitud se extiende a ustedes, mis lectores. Sé que compartimos similitudes en nuestras vidas, ya que todos estamos unidos en desentrañar los nudos de nuestras historias y celebrar nuestros viajes, sin importar las distancias vividas o por descubrir.

Reliquias del Corazón:

Historias de mi Familia

Oscar Fuentes

Introducción
José Ramón Alonso-Lorea

Oscar Fuentes ha avivado mi *alma*, esa perpetua inmaterialidad que adquiere vigor dentro de un tejido familiar. Ha tocado esa fibra sensible de los que somos hijos, por una lógica natural, y padres, por una iluminada razón elegida. Me ha compartido, con la más absoluta modestia y honestidad intelectual, su último proyecto de libro que le dedica a su padre, "quien enfrenta el desafío del Alzheimer en su forma más severa". Titulado *Reliquias del Corazón*, este conjunto de cuentos cortos narra los orígenes de su familia e incluye "relatos que mi padre solía contarme. Es, en esencia, un proyecto en honor a su memoria". Me asegura Oscar que "sueño con poder leer estas historias en persona a mi padre, así como a mi abuelo, quien cumplirá 99 años en enero de 2025". Hermosa idea.

No sé si Oscar es consciente de que su proyecto da respuesta a dos interrogantes de la creación cultural en los últimos doscientos años: ¿Qué hacer para acercar el arte y la literatura a la vida real? ¿Cómo transformar la vida de las personas a través del arte y la literatura? El libro de Oscar tiene la respuesta y, con ello, nos devuelve al ciclo del auténtico valor de la cultura: curar. El Alzheimer es una demencia que causa problemas con la memoria y termina limitando la calidad de vida de las personas. Una de las terapias fundamentales para enfrentar este deterioro es el uso de la estimulación cognitiva. El libro de Oscar, leído o consultado con su padre de manera reiterada, es una herramienta eficaz para el entrenamiento de la memoria, e incluso para la activación psicosocial y el ejercicio físico, en tanto se puede teatralizar lo contado. El propio Oscar nos asegura en su presentación que su padre "siempre pudo contar historias llenas de una narración actuada". Incluso, que dichas historias orales, "con una tensión dramática y clímax, provocaban gritos y movimientos ágiles de acción con cicatrices señaladas en su cuerpo". Esas cicatrices, asociadas a las historias del libro, son marcas que contienen los aspectos emocionales que activan los sucesos del pasado. Es la forma en que su padre ha cartografiado el recuerdo. Son recursos nemotécnicos que ayudan a la memoria. No olvidemos que con similar técnica las sociedades familiares tradicionales, y aquellas que se desarrollaron en tiempos de pre-escritura, conservaron sus milenarias tradiciones.

A mi entender, el libro de Oscar se enfrenta igualmente a otro tipo de "Alzheimer político", ficticio y peligroso. En estos tiempos "pandémicos", de intentos organizados, de disolución de las familias a través de las biopolíticas y el control de la natalidad, de la disolución de las tradiciones y hasta de las naciones, el libro de Oscar deviene irreverente, antiglobalizador y patriótico. Y cuando me refiero a este último término, fijo mi atención en esa patria pequeña e íntima, filial y consanguínea, que es la célula social más reducida y potente que nace con él sapiens: la estructura familiar. Hubo un tiempo, en los de Ortega y Gasset, que se habló de la "deshumanización" del arte. Hoy, más lamentable aún, se intenta deshumanizar, despedazar, desnaturalizar, a la célula familiar numerosa que es el protagónico triunfante en los cuentos de Oscar.

No hay en este libro de Oscar Fuentes pretensiones de buscar una literatura vanguardista o de renovación de ismos. No interesan las experimentaciones narrativas ni los neologismos, tampoco las redacciones herméticas e ilegibles. No, nada de eso importa aquí. En este libro hay un natural humanismo en la descripción de los ambientes, un sosegado empeño por reconstruir y ordenar un pasado familiar con intención sanadora. Pero, no por anhelo terapéutico deja de ser emotiva la historia y la forma en que se cuenta. El libro finalmente nos estimula el deseo de imitar al narrador, de rehacer a través de las escrituras nuestras propias historias familiares.

En estos *Cuentos Familiares*, hay transparencia y honestidad como recursos literarios, si es que estos se puedan denominar como tales. Es una descripción simple y llana de lo filial. Qué es lo filial, sino lo relativo a la relación entre hijos y padres (entiéndase que madres e hijas ya están incluidas en el genérico). El autor nos presenta cuatro brindis (con ron, cerveza, café y vino, respectivamente) que son libaciones hacia el interior del cuerpo, que buscan exteriorizar recuerdos protegidos en zonas profundas de la memoria, y permiten presentar a los personajes. Hijos que brindan y presentan a sus padres. Nietos a sus abuelos. Hermanos a hermanos. Tías al sobrino autor de este libro. Llama la atención la descripción del nacimiento de Gissel, la primogénita de Armando, la hermana del narrador, la que nació para vivir en el "corazón de los presentes"; tiene una fuerza dramática y emocional que los que somos padres la sentimos con hondura.

Para redactar destacados momentos familiares, el narrador teje una red que se proyecta desde diferentes nodos del recuerdo. Por ejemplo: una piedra, el taxista y una tía Miriam de gran coraje; el especial y heroico tío Gerardo y el ET de Spielberg; el padre Oscar, la bicicleta, la carretera y el cañaveral; la despedida a la abuela Fina, la salida para Miami y el recuerdo del *Vicks VapoRub*. Esa abuela omnipresente que se eleva desde la psiquis del narrador. "Nostalgia" y "tradición". ¿Cuántos deseamos esos almuerzos dominicales con la abuela? Esa sopa de gallina con leche de coco aderezada con amor. Los recuerdos familiares de Oscar tocan fibras muy sensibles de este lector. Puedo aquilatar el peso de los valores morales duraderos, las "posibilidades infinitas" del árbol de guayaba del patio, e incluso hasta sentir el atractivo aroma de ese café hondureño en la casa de la abuela Fina.

Contenido

Contents

Reliquias del Corazón:

Historias de mi Familia

Oscar Fuentes

Reliquias del Corazón

"Vengo de una familia de cuentistas. Mi padre, por ejemplo, siempre pudo contar historias llenas de una narración actuada que alimentó la imaginación mía y la de mis hermanos. Cuentos con una tensión dramática y clímax que provocaban gritos y movimientos ágiles de acción, con cicatrices señaladas en su cuerpo, como evidencias a los hechos fantásticos, que solo él podía haber contado.

Esta colección de historias es mi homenaje a mi padre y a sus cuentos, que hasta hoy no sé si fueron inventados en el momento o si eran relatos detallados y memorizados. En esta dedicación a él, intento también combatir su enfermedad de Alzheimer, pues a través de él elijo recordar muchos de los detalles narrativos que formaron parte de los sucesos que tuvieron que ocurrir para que yo pueda estar aquí contándoles esto.

Cosas y detalles con una dosis mínima de ficción, imágenes que elegí recordar y que al mismo tiempo me pusieron frente a muchas otras cosas que también espero algún día olvidar. Claro que, como pueden ver, el Alzheimer nos quita el lujo de elegir qué cosas olvidar y qué cosas recordar, transformando nuestras memorias de todo lo vivido y sufrido en hojas sueltas a la deriva del viento, como pétalos que flotan eternamente.

En esta lucha contra el olvido, intenté contar las historias de origen de mis padres, de mis abuelos y también aquellas memorias que marcaron mi infancia y que formaron parte de mi formación como docente de educación emocional y familiar.

Espero que estos cuentos también sirvan como una oportunidad para interesarse con cierta curiosidad en las aventuras y los sacrificios de nuestras familias, personas que nos criaron con mucho cariño y esperanza. Hoy nos toca a nosotros poder contar y recordar, como un acto o gesto de gratitud y amor, preservando estas historias como reliquias del corazón."

Oscar Armando Fuentes Jr.

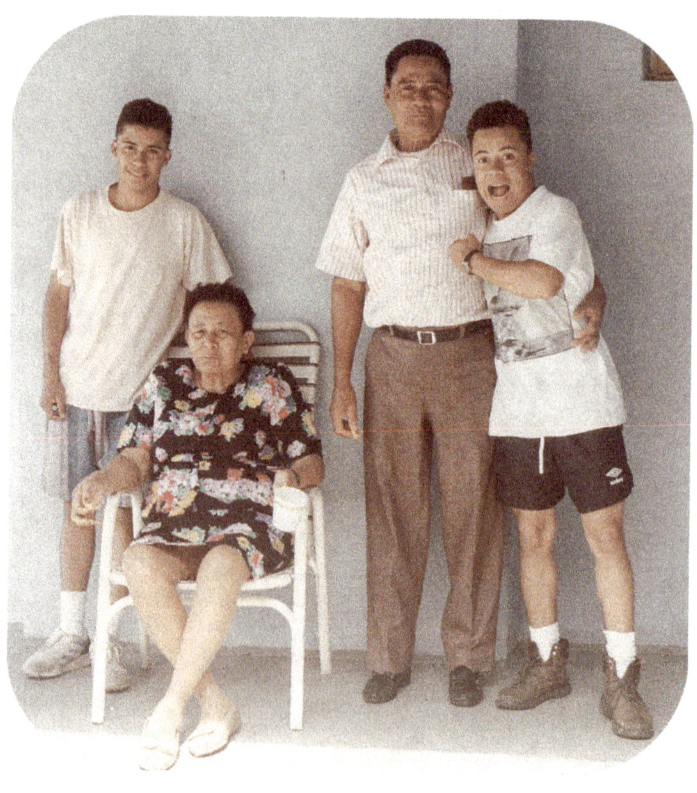

Esta foto captura a mis abuelos Fina y Carlos, durante su único viaje a Miami a mediados de los 90. En ese entonces vivíamos en una linda casita azul cerca de la 32 Ave y la 19th Terrace. Recuerdo llegar en mi coche desde Coral Gables High y ver a mi abuela, que acababa de llegar de Honduras, en el jardín delantero con lágrimas de alegría en los ojos. Habían pasado unos 10 años desde la última vez que los había visto. Se veían hermosos y felices, como siempre los había recordado, pero yo ya no era el niño de 8 años al que se despidieron una tarde lejana en Honduras.

Abuelos Zuniga

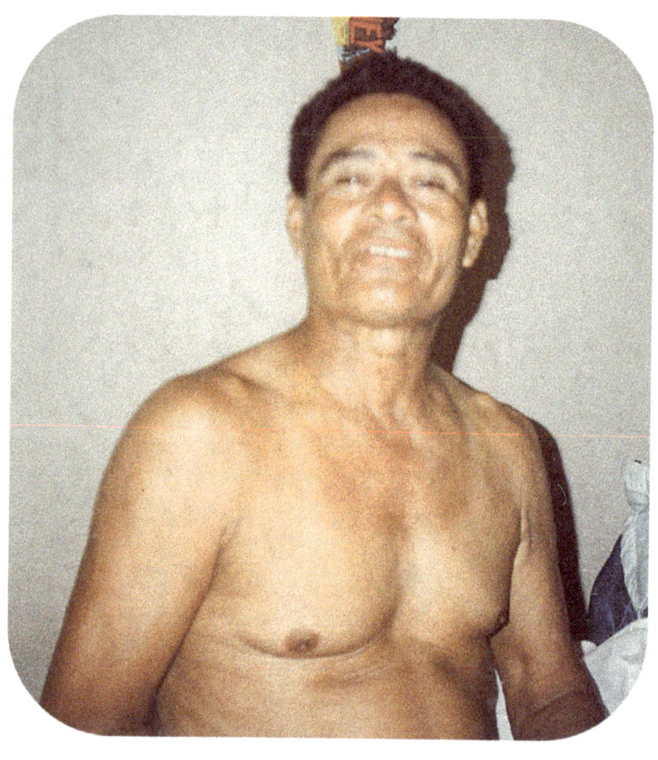

Recuerdo las manos duras de mi abuelo. Recuerdo su sonrisa todos los días cuando llegaba a casa del trabajo, y yo saltaba del árbol de guayaba y corría a abrazarlo para saludarlo.

Roble y Ternura

Escena:
En la parte de afuera de la casa de los abuelos, una tarde soleada en Carpules. Se puede ver una mesa con varias sillas donde Gerardo, Alonso y el Armandito están sentados, disfrutando de unos tragos de ron. Se escucha música de fondo, suave y nostálgica.

Gerardo: [Levanta su vaso] *¡Salud, familia! A nuestros padres, Carlos y Fina, que nos enseñaron el verdadero significado del amor y la dedicación.*

Alonso: [Asiente con la cabeza] *¡Salud! Realmente fueron unos ejemplos a seguir. Recuerdo como papi Carlos siempre nos contaba historias sobre su vida en Aguas Calientes, y mami Fina, con su dulzura, nos daba consejos que aún resonaban en nuestros corazones.*

Armandito: [Sonriendo] *Sí, es increíble cómo su amor y compromiso nos han marcado a todos. Y pensar que todo comenzó en la escuela primaria. ¿Se imaginan eso hoy en día?*

Gerardo: [Riendo] *¡Ni en sueños! Pero así era su historia, tan auténtica y hermosa como ellos mismos. Y mira cómo creció su familia, ocho hijos que se convirtieron en profesionales y personas de bien.*

Alonso: [Reflexionando] *Y no olvidemos el sacrificio que hicieron por Juan Carlos, el hijo de Miriam. Criarlo como hijo propio y apoyarlo y verlo convertirse en médico, fue un verdadero triunfo para ellos y ahora hasta padre de familia.*

Armandito: [Asintiendo conmovido] *Sí, fue un acto de amor inmenso. Es increíble cómo la familia Zuniga se une en momentos difíciles y encuentra la fuerza para seguir adelante.*

Gerardo: [Levantando su vaso nuevamente] *Por eso, hoy brindamos por nuestros padres, por su legado de amor, sacrificio y familia unida. Yo sé* *que mi hermanita está en el cielo sintiéndose muy orgullosa de su hijo.*

¡Salud!

Alonso y Armandito: *¡Salud!*

[Los tres chocan sus vasos en un gesto de camaradería, mientras el sol comienza a ponerse en el horizonte, iluminando el cielo con tonos cálidos y dorados.]

Elegí esta foto porque mi hermana se ve tan dulce en su inocencia. Soy yo de pie en un banco junto a ella. No es mi foto más halagadora, pero esta imagen nos captura en un escenario con cortinas rojas, algo con lo que, a lo largo de los años, ambos nos familiarizaríamos mucho debido a la crianza artística que nuestros padres nos pudieron proporcionar.

Tomé prestada esta foto del álbum de fotos familiares de mi hermana. Me encanta esta fotografía de mis tíos Gerardo y Alonso y mis abuelos Fina y Carlos. Están celebrando uno de los cumpleaños de mi abuela, o ¿será su aniversario de bodas? Me siento emocionalmente feliz cuando veo sus sonrisas radiantes. Toda nuestra familia Zúñiga sonríe así de felices, por cierto.

Carlos y Fina

Mis abuelos, Carlos Zuniga Reyes y María Josefina Juárez, se conocieron en la escuela primaria. Mi mamá cuenta que Mis abuelos se enamoraron cuando eran muy jóvenes. Y que, al terminar la primaria, ya vivían juntos en Aguas Calientes, en la majestuosa montaña del Merendón.

Con el tiempo, se casaron, y así, María Josefina Juárez y Carlos Zuniga Reyes tuvieron ocho hijos: Gloria, Alonzo, Yamile, Miriam, Gerardo, Lupe, Julia y Eldy. Mi madre, Gloria Esperanza, la mayor, se formó como auxiliar de enfermería. Mi tío Carlos Alonso se convirtió en Licenciado en Economía, mis tías María Yamile y Rosa Lidia (o Miriam) estudiaron secretariado, mientras que mi tío Gerardo se especializó en Ebanistería. Mi tía Guadalupe trabajó como trabajadora social y luego como maestra, y mis tías Julia Isabel y Eldy Janet obtuvieron títulos en Contaduría Pública.

Mi madre me cuenta que mi tía Miriam fue descubierta por un agente de modelos de belleza y la invitaron a participar en el concurso de belleza "Mis Choloma". En el día del desfile de belleza, mi tía ganó el segundo lugar en la competencia, pero en su casa, toda su familia la coronó como la ganadora y la rodearon con ese amor incondicional Zuniga.

Mi abuelo Carlos, poco antes de cumplir veinte años, tuvo la oportunidad de trabajar en la Tela Railroad Company, donde permaneció por más de treinta años en el departamento de agricultura de la empresa. La agricultura le resultaba natural, ya que, en su tierra natal de Aguas Calientes, había crecido trabajando en la ganadería y la agricultura. Era un hombre de la tierra, y si hubiera que compararlo con un árbol, sería un roble. Hombres fuertes y laboriosos como él son raros de encontrar en este mundo.

Recuerdo algunas tardes en las que regresaba a casa de Abuela Fina con animales inusuales, desde serpientes gigantes en un saco hasta enormes garrobos e incluso armadillos. En Calpules vivía un hombre de apellido Quinn, que tenía un negocio de exportación de animales y compraba cualquier criatura rara o exótica que la gente le llevara. De vez en cuando, mi abuelo vendía estos animales que encontraba mientras trabajaba en los campos de la Tela Railroad Company.

A pesar del modesto salario de su trabajo en la Tela, mi abuelo Carlos y mi abuela Fina se apoyaron y amaron con ternura y respeto. Esa relación ejemplar les permitió inculcar en sus ocho hijos la importancia de la educación y la preparación necesaria para la vida. La historia de mis abuelos es única, pero a la vez universal, ya que, en ellos, mis hermanos y yo también encontramos nuestra felicidad durante nuestra infancia. Hoy comprendo que su amor familiar es un testimonio del valor que se enseña más a través del ejemplo que de las palabras.

Quizás el gesto más poderoso de amor y orientación parental de mis abuelos fue criar a mi primo Juan Carlos, hijo de mi tía Miriam. Cuando Juan Carlos era solo un niño, mi tía tuvo que tomar la difícil decisión de migrar a Miami en busca de un mejor salario para poder brindar un futuro más estable a su hijo. Con el paso de los años, mi tía fue diagnosticada con un cáncer avanzado y su salud se deterioró rápidamente.

Recuerdo con claridad el día en que mi tía falleció. Yo era el único de los Zuniga presente en el hospital. Por una extraña coincidencia de la vida, en esos mismos días también falleció Doña Maria, la madre de Manolo Gómez, la suegra de mi tía Lupe, y mientras me informaban sobre la partida de mi tía Miriam, Manolo, Lupe y Yamile estaban en el velorio de la madre de Manolo. Lloré durante toda esa noche por mi tía y por toda la tristeza que nos había abrumado en esos días.

Me contaron que en su entierro asistió mucha gente. Mis abuelos, Carlos y Fina, criaron a Juan Carlos con tanto amor y orientación parental que el joven se convirtió en un estudiante ejemplar de medicina en la universidad. Se graduó con el título de doctor, y a lo largo de todos esos años, mis abuelos estuvieron a su lado, llenos de orgullo por su nieto médico, como si fuera una promesa cumplida a su hija Miriam, una promesa que simbolizaba el trabajo de padres y abuelos que se transmitió a través de generaciones.

Abuelo Toño

Circa 1990s. Había algo en mi abuelo Tono que demandaba tu atención cuando pasaba o entraba en la habitación. El padre de mi papá tenía encanto y una actitud asertiva cuando hablaba. Tenía una colección de sombreros y usaba uno todos los días en su juventud. Sé con certeza que mi fijación por los sombreros viene de él. Era un hombre complejo pero sencillo, siempre con un plan en mente o un proyecto de carpintería en marcha. Hábil con sus manos y bueno con sus palabras. Siento que llevo la esencia de mi abuelo simplemente por ser miembro de su familia y llevar su apellido.

Hombre para la Historia

Escena:

Primer piso de la casa de los abuelos en la colonia San Cristóbal, una tarde soleada. Los primos Junior, Enock, Gissel, Carlos y Oscarito están sentados alrededor de una mesa, disfrutando de unas cervezas frías. Se escucha música de fondo, suave y relajante.

Junior: [Levanta su botella de cerveza] *¡Salud, primos! A nuestros abuelos, Antonio y Nena, que nos enseñaron el verdadero significado de la familia y la resiliencia.*

Gissel: [Asiente con la cabeza] *¡Salud! Sin duda alguna, su historia es un ejemplo de superación y amor incondicional.*

Enock: [Sonriendo] *Recuerdo las historias que nos contaba mamá sobre cómo abuelo Antonio era respetado como cualquier gran doctor en La Lima. ¡Era el macho mayor, el hombre con la llave para todo el callejón!*

Carlos: [Asintiendo] *Sí, y no olvidemos que era el manager del boliche en la Lima Nueva. Trabajaba duro allí para mantener a su familia.*

Oscarito: [Mirando alrededor de la casa con admiración] *Abuelo Toño era el amo de su casa, del San Cristobal y del sol. Su presencia era como un faro que iluminaba todo a su alrededor.*

Junior: [Recordando] *¡Y cómo nos enseñaba a todos a ser fuertes y a luchar por lo que queríamos! Esa determinación y liderazgo son parte de su legado- algo que también inculco en nuestros padres.*

Enock: [Reflexionando] *Sí, definitivamente ellos dejaron una huella imborrable en nuestras vidas. Siempre los recordaremos con amor y gratitud.*

Gissel: [Levantando su botella] *Por eso, hoy brindamos por nuestros abuelos Toño y Nena, por ser ejemplos de fuerza, coraje, amor y* *sabiduría. ¡Salud!*

Carlos, Oscarito, Junior y Enock: *¡Salud!*

[Los primos chocan sus botellas en un gesto de camaradería, mientras el sol se pone lentamente en el horizonte hondureño, bañando la casa en una luz dorada y cálida.]

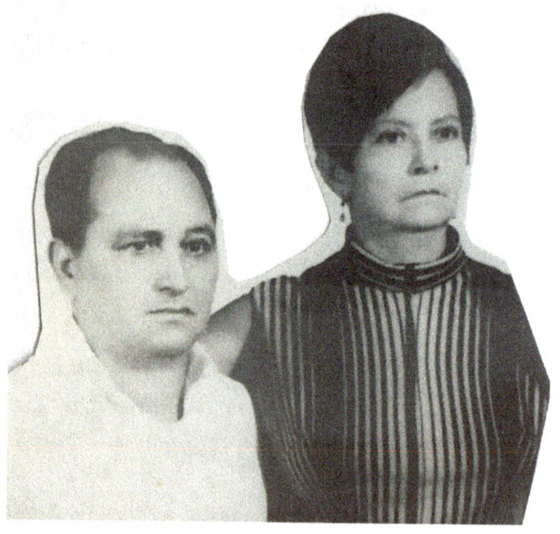

1972. Esta foto de mi abuela Nena cargando dos bebés es muy especial. En un brazo tiene a mi hermana Gissel, y en el otro brazo a mi primo Enock. Me hace pensar en el paso del tiempo y cómo mirar esta foto es casi como viajar a una época en la que mi abuela celebraba a sus primeros nietos en una creciente familia Fuentes con más bebés por venir, quienes eventualmente tratarían de cambiar el mundo para mejor.

Toño y Nena

La emotiva historia de mi abuelo, Antonio Vinicius Fuentes, nos transporta al encantador rincón de Punta Caliente, Honduras, en el año 1920. Sin embargo, su llegada al mundo estuvo marcada por una profunda melancolía, ya que perdió a su madre cuando apenas tenía nueve años. Esa pérdida temprana dejó una huella imborrable en su corazón, y la sombra de su madre se convirtió en su compañera constante desde entonces, como un eco del pasado.

Tras la partida de su madre, Antonio encontró refugio en los cálidos brazos de una amiga cercana de ella, quien se convirtió en su protectora y lo cuidó con amor hasta que la juventud tocó a su puerta.

Con el tiempo, cuando la juventud llegó, Antonio decidió emprender su propio camino y se trasladó a la ciudad de La Lima. Allí encontró empleo en la Tela Railroad Company, una empresa ferroviaria que sería su segundo hogar durante más de veinticinco años. Bajo ese techo laboral, Antonio esculpió su destino, adquiriendo habilidades y conocimientos que lo acompañarían a lo largo de toda su vida.

Pero el destino reservaba sorpresas. En su tiempo en la ciudad, Antonio se cruzó en el camino de una mujer que cambiaría su vida para siempre: María Zulema, cariñosamente conocida como mi abuela Nena. Se enamoraron profundamente y decidieron unir sus vidas en matrimonio, se mudaron a una casa humilde en la colonia llamada, Punta Caliente, dando allí, origen a una familia que crecería y florecería con el tiempo. Juntos, se convirtieron en los orgullosos padres de ocho hijos: Marcos, Reynaldo, Clarita, Oscar, Rosita, Zulema, Salvador y Patricia.

A través de un esfuerzo incansable y una dedicación sin límites, Antonio logró proporcionar para su extensa familia. Su trabajo constante y su espíritu luchador eran los pilares que sostenían a la familia, como personajes de una entrañable novela de la vida real, donde la tenacidad y el amor se entrelazaban de forma conmovedora.

Pero un día sombrío, mientras Maria Zulema se encontraba en la casa de Punta Caliente con sus tres primeros hijos, un desastre inesperado sacudió sus vidas. El fuego, que comenzó a dos casas de madera en su misma cuadra, arrolló con todo y la velocidad del fuego no les dio tiempo suficiente para salvar la mayoría de sus pertenencias del incendio.

Cuando mi abuelo, Antonio, llegó a casa y se encontró con la devastación, todos estaban allí, mirando impotentes cómo su hogar ardía en llamas, lágrimas en los ojos. Antonio abrazó a todos con amor y alivio al ver que estaban ilesos. La casa se había ido, y la mayoría de sus posesiones también.

En los meses siguientes, la familia se refugió en la casa de un amigo vecino, mientras mi abuelo, con el apoyo y las generosas donaciones de todos los que trabajaban con él en la Tela Railroad Company, adquirió un terreno de media hectárea en San Cristóbal. Fue allí donde se construyó la casa de dos pisos que se convertiría en el nuevo hogar de la familia.

Esta casa se erigió como un testimonio vivo del esfuerzo, la unidad y la solidaridad de la familia y la comunidad que los rodeaba. Cada ladrillo colocado fue un acto de amor y determinación, como si estuvieran escribiendo un nuevo capítulo en su conmovedora historia de superación.

En esta foto, estamos en el patio trasero de la casa de mi abuelo en San Cristóbal, sentados al borde de una piscina pequeña que había construido muchos años antes cuando mi papá era joven. La foto fue tomada en 1998. Estaba visitando desde Miami después de que el huracán Mitch azotara Honduras a finales de octubre de ese año. Fue uno de los huracanes más mortales del Atlántico, causando daños extensos y pérdida de vidas en la región. Así que, en ese momento de la foto, fue cuando tomé mi primera pausa de la escuela para ir a ver a mi familia. La segunda y última pausa de la escuela vendría unos años después, cuando me convertí en padre y tuve que trabajar a tiempo completo para ser el hombre responsable que nací para ser.

En 2021, mis padres celebraron su 50 aniversario de bodas. Mi amiga Alexandra vino a tomar fotos de todos nosotros para conmemorar la ocasión. En esta hermosa foto, puedo sentir todo su recorrido y entender su amor y felicidad.

Mis Padres

1971, Tegucigalpa, Honduras. Ese es el año en que mis padres se casaron. Justo después de su boda, mi abuela Nena, como regalo de bodas, les alquiló la casa de luna de miel en Tegucigalpa, donde pasaron tiempo lejos de casa en San Pedro Sula, de luna de miel, planeando y soñando con todas las posibilidades de su nueva vida juntos como marido y mujer.

Amor Verdadero

Escena:
Interior de una acogedora cafetería, donde Clarita, Gloria y Aide están sentadas en una mesa, disfrutando de sus bebidas mientras conversan animadamente.

Clarita: [Levanta su taza de café] *¡Qué agradable es estar aquí juntas, chicas! Hacía mucho que no teníamos una cita como esta.*

Gloria: [Asiente con una sonrisa] *Sí, es maravilloso poder compartir este tiempo juntas, recordando viejos tiempos y creando nuevos recuerdos.*

Aide: [Acomodándose en su silla] *Definitivamente. Además, hoy es un día especial para Gloria. ¿Verdad, Hermana?*

Gloria: [Con una mirada iluminada] *¡Sí! Hoy se cumplen 53 años desde que conocí a Armando.*

Clarita: [Intrigada] *¡Cuéntanos más sobre eso Cuñada! Siempre me ha fascinado cómo se conocieron.*

Gloria: [Sonriendo] *Bueno, ya saben que Armando y yo somos de mundos diferentes. Él trabajaba en la construcción y yo era enfermera. Pero todo comenzó en una parada de autobús cerca del Hospital Leonardo Martínez Valenzuela...*

[Se sumerge en la historia de cómo se conocieron, describiendo cómo Armando se acercó a ella con nerviosismo pero determinación, y cómo surgió una conexión instantánea entre ellos.]

Aide: [Impresionada] *¡Qué historia tan hermosa! Suena como una escena sacada de una película romántica.*

Clarita: [Emocionada] *Y pensar que ese encuentro marcó el comienzo de* *una historia de amor tan increíble. Me acuerdo de que Armandon, mi*

marido, tuvo que ir a ver a don Carlos para pedirle la mano, ya que mi papá no pudo ir por el trabajo. ¿Cómo fue la boda después?

Gloria: [Con nostalgia] *La boda fue un día inolvidable. Celebramos en El Barracón, con toda la familia reunida. Mi padre, siempre tan orgulloso, incluso construyó un bar improvisado para la ocasión.*

[Continúan compartiendo detalles de la boda y los recuerdos felices que han compartido a lo largo de los años.]

Clarita: [Levantando su taza] *Por el amor verdadero y los recuerdos que perduran para siempre. ¡Salud!*

Gloria y Aide: ¡Salud!

[Brindan con sus tazas, disfrutando del momento y la compañía mientras el aroma del café y el murmullo de la cafetería los envuelven.]

1971, Tegucigalpa, Honduras. Ese es el año en que mis padres se casaron. Mi papá tenía 18 años, y mi mamá 20. En esta foto, están parados fuera de su casa de luna de miel alquilada, abrazados con una sonrisa de amor que ha permanecido con ellos hasta hoy. Una unión de amor que, de muchas maneras, ha sido el catalizador de un amor que influye en el mismo tipo de amor que mis hermanos y yo damos a nuestras familias individuales hoy.

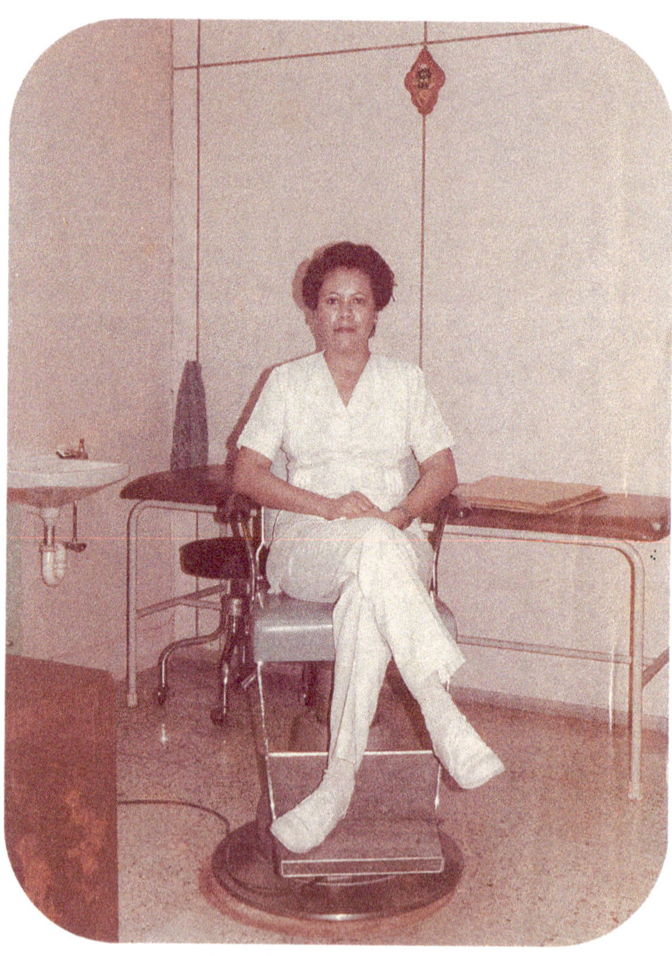

Circa finales de los 70. Recuerdo los momentos en que mi mamá solía llevarme a su trabajo en el hospital. No recuerdo mucho de su trabajo real allí; lo único que recuerdo claramente era la hora del almuerzo. Solíamos caminar a una pequeña cafetería justo fuera del hospital, donde encontraba la comida memorablemente deliciosa. Me encantaba abrir su bolso y respirar el aroma mentolado del paquete de chicles que había allí. Solía llevar un pequeño sombrero blanco que era parte de su uniforme blanco, y me enamoraba de mi mamá cada vez que la veía vestida para trabajar.

Oscar Armando Fuentes Aguirre
& Gloria Esperanza Zuniga

Mi padre relata que cuando tenía 17 años, mi abuelo lo llevó a inscribirse en la base de la Fuerza Aérea cerca del aeropuerto internacional de San Pedro Sula, que se encontraba a una corta distancia de su hogar en San Cristóbal. Había estado metiéndose en demasiadas peleas, y abuelo Toño temía que algo malo le sucediera si no enderezaba su vida desde temprana edad. La Fuerza Aérea parecía la solución perfecta. Mi padre recuerda que, al llegar a la oficina de admisión, les informaron que todas las vacantes estaban ocupadas y que tendrían que esperar hasta el próximo año, cuando comenzaran nuevamente las sesiones de reclutamiento. En su camino de regreso a casa, mi abuelo le dejó en claro a mi padre que necesitaba hacer algo positivo con su vida para no terminar viviendo en las calles, que debía enderezar su camino; de lo contrario, tendría que buscar un trabajo para ayudar con los gastos en casa.

Al día siguiente, mi padre vio un anuncio en el periódico que buscaba personal de cocina para trabajar a bordo de un barco de carga que viajaba a Europa. Aquellos interesados debían estar dispuestos a comprometerse con un contrato de 12 meses.

Según mi padre, mi abuelo apoyó mucho esta oportunidad laboral, a pesar de que mi padre tenía solo 17 años. Pasaron ocho meses, y su trabajo en el barco tenía un horario laboral de 40 horas a la semana, con tiempo libre para recreación y descanso. El barco de carga transportaba cientos de contenedores llenos hasta el tope de café hondureño, tostado o descafeinado, la principal exportación del país que representaba el 22% de los ingresos totales de exportación de Honduras. El barco ya había hecho escalas en los ocho países programados en su ruta de envío, incluyendo los Países Bajos, Alemania, Bélgica, Francia, Reino Unido, Italia, España y Portugal.

Su última parada fue Monrovia, Liberia, una escala común para los barcos debido a su ubicación estratégica en África Occidental. Mi padre cuenta una historia de un viaje de regreso a Honduras, cuando uno de los marineros mayores, que por ninguna razón en absoluto, no le agradó a mi padre desde el primer día que subió al barco. A este marinero mayor le gustaba embriagarse en sus días libres, y en una noche con niebla, cuando mi padre estaba apoyado en el borde de la popa del barco, mirando a los tiburones comer los desechos del barco, este marinero apareció de la nada, lo agarró desde atrás en un estrangulamiento, riendo. En aquellos días, no era raro que un hombre cayera por la borda y desapareciera en el agua, y mi padre temió por su vida. Él cuenta que tuvo que encontrar la fuerza que no tenía para liberarse del estrangulamiento del marinero, pisoteó sus dedos del pie con fuerza con su pierna derecha, lo golpeó en el estómago con el codo, se volvió para enfrentarlo y lo golpeó en la cara con su mano derecha, y el hombre retrocedió. Fue entonces cuando el marinero tomó un tablón de madera de 2x4, y mi padre se lanzó al suelo hacia un martillo que había quedado allí con otras herramientas. El marinero balanceó el tablón de madera hacia la cabeza de mi padre, y mi padre lanzó el martillo contra el tablón, dividiéndolo en dos.

El marinero luego se abalanzó sobre mi padre con una ira ciega y ebria, con la intención de empujarlo por la borda, mi padre lanzó el martillo con su brazo derecho y golpeó al marinero en el centro de la frente, derribándolo.

¡"Lo mataste"! alguien gritó a lo lejos, corriendo hacia ellos a través de la niebla de la noche.

¿"Qué has hecho, joven? Lo mataste, ¡mira toda esa sangre"! continuó diciendo nerviosamente el hombre.

"No está muerto, míralo, está respirando, también está muy borracho, y además, me atacó, trató de arrojarme por la borda", dijo mi padre nervioso y agitado.

Tres marineros más llegaron y se llevaron al marinero. El capitán del barco apareció a través de la niebla, fumando un cigarro, caminando, cojeando hacia mi padre.

¿"Estás bien, muchacho"?

"Sí, mi capitán, él me atacó por la espalda y quería arrojarme por la borda, y yo..."

El capitán lo interrumpió con:

"Sí, lo sé, muchacho, vi todo desde la cubierta superior, pero esta pata de madera no me permitió llegar a tiempo para detener la pelea".

¿"Entonces no estoy en problemas"? preguntó mi padre.

"No, no estás en problemas porque no lo mataste con ese martillo. Sal de aquí y ve a descansar".

¡"Gracias, mi capitán"! dijo mi padre, alejándose, sintiéndose aliviado.

De regreso en el Puerto de Cortés, Honduras, mi padre esperó con su bolsa de ropa sobre el hombro, mientras mi abuelo intercambiaba algunas últimas palabras con el capitán, estrechando manos y alejándose del barco en dirección a mi padre.

En el viaje de regreso a San Cristóbal, no se dijeron una palabra el uno al otro, mi padre estaba seguro de que estaba en graves problemas con su papá, pero justo cuando entraron en la colonia San Cristóbal, mi abuelo le dijo:

"Ayer te pasó buscando tu amigo Chico, dijo que te comunicarás con él, que te consiguió trabajo de ayudante en la albañilería". Fue entonces cuando, en 1971, conoció a mi madre, Gloria Esperanza Zúñiga, en una parada de autobús cerca del Hospital Leonardo Martínez Valenzuela.

"Eran las 2:00 pm, mi padre y su amigo Chico estaban colocando bloques de cemento al otro lado de la calle del Hospital Leonardo Martínez Valenzuela en San Pedro Sula. Estaban añadiendo una habitación adicional a una pequeña casa unifamiliar, y ambos se sentaban en cubos de plástico boca abajo, en un andamio a 16 pies de altura. Trabajaban juntos en un ritmo: cemento, bloque, golpear con el mango de madera de la herramienta de albañilería, nivelar y repetir.

"A las 2:30 pm, la alarma del reloj de Chico comenzó a sonar. Mi padre terminó el último pedazo de cemento en el último bloque, mientras Chico vertía café negro caliente en dos tazas pequeñas y le entregaba una a mi padre.

"Luego escucharon sonar la campana del hospital.

"Se sentaron allí tomando su café y esperando a que todas las hermosas enfermeras del hospital salieran del edificio. Llevaban casi un mes admirando a las enfermeras en sus uniformes blancos, y mi padre tenía su ojo puesto en una enfermera en particular.

"Había escuchado a las otras enfermeras llamarla por su nombre y se enteró de que se llamaba Gloria, pero quería saber más sobre ella,

soñaba con conocerla algún día, enamorarse de ella e incluso casarse con ella.

"De repente, las puertas delanteras del hospital se abrieron y la multitud de enfermeras vestidas de blanco, con sus gorros y zapatos blancos, salieron en todas direcciones.

Oscar: [Observando a Gloria con determinación] *Chico, hoy es el día. No puedo seguir solo soñando. Gloria es mi regalo de cumpleaños para mí mismo.*

Chico: [Sonriendo] *¡Adelante, Oscar! Ve y háblale.*

[Óscar se peina y se arregla en bucle, baja del andamio de construcción y se acerca a Gloria (mi mamá) mientras ella espera en la parada del autobús.]

Oscar: [Nervioso pero decidido] *¡Hola! Mi nombre es Oscar Armando Fuentes. Perdona si esto suena un poco extraño, pero hoy es mi cumpleaños, y había estado deseando conocerte durante mucho tiempo.*

Gloria: [Sorprendida y sonriendo] *¡Feliz cumpleaños, Óscar Armando Fuentes! Soy Gloria Esperanza Zúñiga. ¿De verdad tenías intención de conocerme?*

Oscar: [Sonriendo con alivio] *Sí, Gloria. Te cuento que he estado observándote durante las últimas semanas y, de alguna manera, hoy sentí que debía dar el paso y decirte "hola".*

Gloria: [Halagada] *Eso es muy dulce, Óscar. Yo también te había notado.*

[Óscar y Gloria comienzan a conversar animadamente mientras esperan el autobús juntos. Descubren intereses en común y sienten una conexión especial.]

[Finalmente, el autobús de Gloria llega.]

Gloria: [Preparándose para abordar] *Debo subir al autobús, Óscar. Es hora de volver a mi vecindario, Calpules.*

Oscar: [Acompañándola hacia el autobús] *Entiendo, Gloria. Ha sido un placer conocerte.*

[Se despiden con una sonrisa, y mi mamá sube al autobús. Mi papá la observa alejarse y luego se dirige de regreso al andamio de construcción donde Chico lo espera.]

Chico: [Ansioso] ¡Oscar! *¿Cómo fue?*

[Mi papi regresa al trabajo con una sonrisa en el rostro, con la esperanza de que este sea el comienzo de algo especial.]

Oscar: [Con un sueño en los ojos] *Increíble, Chico. Su nombre es Gloria Esperanza. Gloria Esperanza, Gloria Esperanza, Gloria Esperanza.*

Mi papá cuenta que tres meses después, se casaron en la iglesia católica de Ciudad La Lima, que mi abuelo Toño había alquilado un gran autobús para traer a toda la familia de mi mamá desde Calpules a la iglesia y que alguien había escrito en el exterior, "Recién Casados", y luego ataron un montón de latas vacías con cuerda en la parte trasera del autobús para que hicieran ruido contra el pavimento mientras conducían, y que dijeron sus votos con la Virgen de Suyapa observándolos, y que fue la mejor fiesta en la historia de Calpules.

Mi mamá cuenta que la fiesta de bodas tuvo lugar en El Barracón, que mi abuela Fina y sus hermanas y hermano estaban muy felices y atentos con todos los invitados, que mi abuelo Toño construyó un bar improvisado para servir bebidas, e incluso mi abuelo Carlos, que nunca bebía, se embriagó esa noche celebrando la boda de su hija primogénita, su niña, su enfermera.

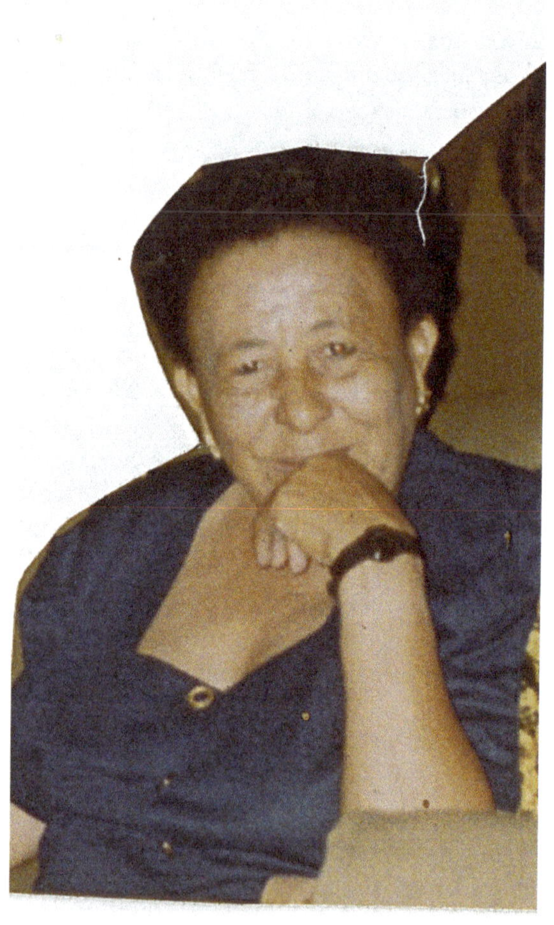

Circa años 80. Cuando mi abuela se convirtió en la cuidadora temporal de mis hermanos y de mí, me imagino que para ella debió de sentirse como ser madre de nuevo. Los primeros nietos corriendo por su hermosa casa, después de tantos años sin niños pequeños que cuidar, después de criar a sus propios hijos y verlos crecer y convertirse en adultos profesionales, se encontró una vez más brindándonos su amor mágico e incondicional.

Abuela Fina

Circa años 90. Hay cierto orgullo que llena mi corazón cuando miro estas fotos de mi familia. En esta foto, sus caras también reflejan ese orgullo y amor, esa alegría de saber que son el árbol genealógico viviente. Un hermoso momento en el tiempo capturado aquí en esta fotografía.

Josefina Juarez

Capítulo 1

Han pasado incontables años desde que abuela Fina partió de este mundo, pero sus recuerdos todavía me inundan a diario como el río caudaloso que fluye eternamente en el imaginario de Macondo. Ella fue mucho más que una simple abuela; fue un faro de ternura, un refugio de sabiduría, y un alma pura que iluminó mi existencia en maneras inefables.

Crecer a su lado fue como vivir en un mundo paralelo, un mundo en el que el tiempo no siguió las reglas impuestas por el reloj, sino que se doblegó a su voluntad, transcurriendo pausadamente como un río de aguas serenas. Las lluvias que empapaban nuestro jardín nunca eran una molestia, sino una bendición divina que revitalizaba la tierra, y el sol que nos acariciaba siempre tenía la gentileza de un antiguo amigo que regresa después de mucho tiempo.

En aquel mundo atemporal que compartimos, el crimen y el miedo eran términos ajenos, extraños que solo se atrevían a asomar la cabeza en la pequeña pantalla del televisor, pero jamás se aventuraban a perturbar nuestra realidad. Abuela Fina era la guardiana de ese paraíso, con sus brazos siempre abiertos y su sonrisa eterna, dispuesta a protegerme de cualquier tormenta que amenazara con oscurecer nuestros días.

Su amor era un océano sin fondo, un río infinito que fluía desde su corazón generoso hacia el mío. Me hacía sentir como el tesoro más preciado de su vida, y cada día era una aventura que compartíamos juntos. Ella me llevaba al parque, donde las palomas eran mensajeras de secretos antiguos, me enseñaba a cocinar con recetas que habían sido transmitidas de generación en generación, y me relataba historias de nuestros ancestros que me hacían sentir conectado con una herencia ancestral profunda.

Abuela Fina llevaba consigo un paraguas, no solo como escudo contra las inclemencias del tiempo, sino como un símbolo tangible de su amor inquebrantable y su protección constante. Ese paraguas era un refugio que desplegaba en los momentos de lluvia, pero también una metáfora de cómo ella siempre estaría allí, dispuesta a cubrirme con su

amor y cuidado en los días grises de la vida.

Cuando, finalmente, llegó el día en que abuela Fina partió de este mundo, no derramé lágrimas, y aún hoy me pregunto por qué. Quizás era demasiado joven para comprender la magnitud de la muerte, o tal vez era porque tenía la fe infantil de que siempre estaría a mi lado, protegiéndome de las tormentas y de los embates del mundo exterior.

Sin embargo, con el paso de los años y la madurez que trae consigo el tiempo, he llegado a comprender la fortuna que tuve al tenerla en mi vida. Ella fue mi maestra en la escuela de la bondad, mi guía en el laberinto de la fortaleza, y mi ejemplo de cómo amar sin condiciones. Su presencia me brindó un sentido de pertenencia, y me enseñó que la familia es más que la sangre que corre por nuestras venas; es el amor y el cuidado que compartimos.

Aunque abuela Fina haya partido, su legado vive en mí, como una llama que nunca se apaga y como los recuerdos que atesoro con cariño. Estoy eternamente agradecido por el tiempo que compartimos, por el mundo de amor y bondad que creó a mi alrededor, y por la eternidad de su presencia en mi corazón. Ella fue más que una abuela; fue una historia mágica en mi vida, un capítulo que nunca olvidaré mientras respire en este mundo.

Circa finales de los 90. Aquí están retratadas las dos mujeres que terminarían moldeando el mundo a mi alrededor. De ellas aprendí muchas lecciones valiosas, como el significado del amor incondicional, la fuerza, el liderazgo, el sacrificio, el respeto por uno mismo, cómo perdonar, cómo ver el panorama general y cómo vivir una vida con un sentido de responsabilidad, por nombrar algunas.

Un Mundo Especial

Capítulo 2

Crecer al lado de abuela Fina fue una experiencia que me sumergió en un mundo ajeno a las prisas y a las preocupaciones del mundo exterior. Era como vivir en un remanso del tiempo, un rincón donde las horas transcurrían con la lentitud de una melodía nostálgica, y donde el reloj apenas tenía relevancia en nuestras vidas.

En ese mundo especial, la lluvia que caía sobre nuestro jardín nunca era una molestia, sino una bendición que nos envolvía con su dulce aroma a tierra mojada y nos recordaba la vitalidad de la naturaleza. Cuando los primeros goterones golpeaban el suelo, abuela Fina y yo solíamos correr al porche y observar cómo las gotas caían como diamantes líquidos, creando círculos en charcos y generando un susurro musical en el tejado de zinc.

El sol, siempre cálido y generoso, parecía saludarnos cada mañana como un viejo amigo. Sus rayos dorados acariciaban la piel y nos envolvían con una sensación de bienestar que nos hacía olvidar las preocupaciones del mundo exterior. Era como si el sol conspirara con abuela Fina para crear un universo donde la felicidad era el único idioma que entendíamos.

En ese rincón de nuestro mundo, el crimen y el miedo eran palabras distantes que solo tenían cabida en las noticias de la televisión en blanco y negro que ocupaba un rincón de la sala. Abuela Fina siempre nos protegía de esos horrores, como una guardiana que mantenía alejados a los demonios de la realidad. Sus abrazos eran un escudo impenetrable, y sus palabras de aliento eran un bálsamo que calmaba cualquier temor.

Ese mundo especial que compartí con abuela Fina se extendía más allá de los límites de nuestra casa. Cuando caminábamos juntos por el vecindario, la gente nos saludaba con una calidez que reflejaba la comunidad unida que éramos. Los vecinos compartían sus historias, sus recetas secretas y sus consejos de vida como si fuéramos una gran familia extendida. Todos parecían haberse contagiado de la bondad y el espíritu acogedor de abuela Fina.

Así, en ese mundo donde el tiempo se arrullaba en las sombras

de los árboles y la lluvia era una danza celestial, abuela Fina tejió el tapiz de mi infancia. Cada día era un capítulo nuevo en un cuento mágico que compartíamos, donde la magia y la belleza se escondían en los detalles cotidianos. A medida que crecí, ese mundo se volvió un tesoro en mi corazón, un lugar al que regreso en mis sueños y recuerdos, buscando la paz y la ternura que solo abuela Fina supo brindarme.

Circa años 80. Después de que mi abuela murió, pasaba todas mis noches en la cama sin poder dormir, con la cara enterrada en la almohada. Con los ojos cerrados, viajaba de regreso a mis días de infancia y volvía a tomar su mano mientras me imaginaba que caminábamos bajo su paraguas hacia la pulpería. Hacer esto me ayudó a llorar su muerte. Hoy estoy más que seguro de que mi abuela, bajo mi almohada, me dejó un verso.

El Amor Incondicional

Capítulo 3

Abuela Fina no solo era una presencia en mi vida; era el faro que ilumin-aba mis días y la inspiración que guiaba mis pasos. Su amor por mí era un océano insondable, un río que fluía desde lo más profundo de su alma hacia el mío, y me envolvía con la calidez de un abrazo eterno.

A menudo, nos aventurábamos juntos al parque cercano, donde los árboles altos susurraban historias milenarias y los pájaros com-partían sus secretos en melodías enigmáticas. Abuela Fina me tomaba de la mano con delicadeza, y mientras caminábamos, me enseñaba a apre-ciar la belleza de la naturaleza que nos rodeaba. Para ella, cada flor, cada hoja, era una obra de arte digna de admiración, y me transmitió su amor por la vida en cada paso que dábamos.

En la cocina, abuela Fina desplegaba su magia culinaria. Cada plato que preparaba era una delicia que parecía tener el sabor de la nos-talgia y la tradición. Me enseñó a mezclar ingredientes con amor y a coc-inar con el corazón, transmitiéndome recetas que habían sido un legado de generación en generación. Sus manos expertas y su sonrisa cariñosa eran el ingrediente secreto que hacía que cada comida fuera un festín de emociones.

Pero lo que más atesoro son las historias que abuela Fina solía contarme antes de dormir. Sentados bajo las estrellas que titilaban en el cielo nocturno, ella narraba historias de nuestros ancestros con una pasión que las convertía en relatos épicos. Sus palabras eran como un puente que conectaba el pasado y el presente, y me hacían sentir parte de una tradición que trascendía el tiempo.

Ella llevaba consigo un paraguas, un símbolo de su amor y pro-tección. Cuando abría ese paraguas en los días de lluvia, no solo nos res-guardaba de las gotas que caían del cielo, sino que también creaba un santuario donde el mundo exterior quedaba suspendido. Era como si estuviéramos en un lugar sagrado, protegidos por la ternura y el cariño de abuela Fina.

Cuando llegó el día en que abuela Fina partió de este mundo, no derramé lágrimas, y sigo sin saber por qué. Tal vez era porque, en mi inocencia, creía que nunca nos abandonaría del todo, que su amor

seguiría siendo un escudo contra las tormentas de la vida. Pero con los años, he comprendido que su amor y su legado viven en mí, como un fuego que nunca se apaga.

El amor incondicional que abuela Fina me brindó es un faro que ilumina mi camino, una brújula que me guía en tiempos de incertidumbre. A través de sus enseñanzas y su ejemplo, me mostró cómo ser amable, fuerte y cómo amar sin condiciones. Su legado es un tesoro que atesoro en lo más profundo de mi ser, y sé que su influencia perdurará en las generaciones venideras de nuestra familia. Abuela Fina no solo fue una abuela; fue un regalo de amor y sabiduría que seguirá inspirándonos a ser mejores personas, a valorar la familia y a vivir con el corazón abierto. Su presencia sigue viva en cada rincón de mi vida, y su amor eterno es la luz que nunca se apaga en mi camino.

Un Legado Perduradero

Capitulo 4

Aunque abuela Fina haya partido, su legado vive en cada rincón de mi vida como un río de memorias que fluye con la misma vitalidad que sus recuerdos. Y, entre todos esos recuerdos, hay uno que se destaca como un tesoro especial: los domingos en los que todos mis tíos y tías se reunían en nuestra casa, creando un rincón mágico donde la familia se convertía en el epicentro de la vida.

Recuerdo vívidamente esos domingos, cuando el aroma de la sopa de gallina con leche de coco se apoderaba de todos mis sentidos. Abuela Fina, con su mirada llena de amor y sus manos expertas, preparaba este plato con esmero. El coco fresco se convertía en un manjar, y su agua se vertía en una jarra, refrescante como un manantial en medio del calor tropical. Mientras esperábamos a que la sopa estuviera lista, el sonido de las risas y las historias compartidas llenaba la casa, creando una sinfonía de alegría que hacía eco en mi corazón.

Esos almuerzos dominicales eran un ritual sagrado, una celebración de la unidad familiar que abuela Fina valoraba por encima de todo. Todos nos sentábamos alrededor de la mesa, y las historias de nuestras vidas se entrelazaban con las anécdotas de los abuelos y las enseñanzas de abuela Fina. Era un festín para el espíritu tanto como para el paladar.

Cada uno de mis tíos aportaba su propia chispa de personalidad a la reunión. Había risas, discusiones amigables y consejos compartidos. Abuela Fina, con su sabiduría ancestral, actuaba como el epicentro de ese mundo efervescente, guiándonos con su amor y su paciencia. Su voz suave y su mirada tierna eran el nexo que unía a toda la familia en una red de amor y complicidad.

Después de aquellos almuerzos, nos sentíamos renovados y fortalecidos por el amor de abuela Fina y la unidad familiar. Era como si esos momentos nos cargaran de energía y esperanza para enfrentar la semana que se extendía ante nosotros.

Hoy, cuando cierro los ojos y dejo que los recuerdos me envuelvan, puedo sentir el sabor del coco fresco en mis labios y el aroma de la sopa de gallina con leche de coco que llenaba la casa. Puedo escuchar las

risas de mis tíos, y puedo sentir la presencia amorosa de abuela Fina, que sigue siendo el faro que guía nuestra familia.

Abuela Fina nos enseñó que la familia es un tesoro que debemos valorar y cultivar. Su legado perdura en cada uno de nosotros, en los valores que compartimos y en el amor que nos une. Aunque ella ya no esté físicamente, su espíritu vive en cada almuerzo dominical, en cada sonrisa compartida y en cada abrazo de amor. Su influencia es eterna, como una canción que nunca deja de sonar en el fondo de nuestros corazones, recordándonos la importancia de la familia y el poder del amor incondicional.

Pero la magia de ese mundo especial no se debía solo a abuela Fina. Detrás de ella estaba abuelo Carlos Zúñiga, un tipo de hombre que ya no se encuentra fácilmente en el mundo de hoy. Dedicó su vida a su familia y a su trabajo, y su amor y apoyo incondicionales eran el cimiento de nuestro hogar.

Abuelo Carlos era un hombre de principios, de los que rara vez se ven en esta era moderna. Siempre estaba allí para abuela Fina y para nosotros, sus nietos. Trabajó incansablemente para proveer para la familia, pero nunca dejó que su trabajo interfiriera con su compromiso con nosotros.

Junto con abuela Fina, crearon un ambiente donde el amor y la unidad eran innegociables. Nos enseñaron valores fundamentales como la honestidad, la responsabilidad y el respeto por los demás. Abuelo Carlos era el hombre callado, pero sabio que siempre tenía una palabra de sabiduría en los momentos difíciles.

Su presencia solidaria y su amor por abuela Fina eran palpables, y su legado perdura en nuestra familia. Abuela Fina y abuelo Carlos Zúñiga fueron el ejemplo perfecto de una pareja que se apoyaba mutuamente y que inculcó valores duraderos en las generaciones futuras. Aunque ya no están físicamente, su influencia y amor perduran en nuestros corazones y en cada aspecto de nuestras vidas.

Árbol de Guayaba

Capitulo 5

Ese árbol de guayaba en la casa de mi abuelita Fina. Era mi patio de recreo, mi refugio, mi todo. Literalmente crecí en esas ramas, pasando tardes interminables saltando de ellas, recogiendo guayabas maduras y esperando a que Abuelo Carlos llegara del trabajo.

Esas tardes eran doradas, tan vívidas en mi mente, incluso ahora. Recuerdo la emoción de gritar el nombre de Abuelo cuando llegaba su autobús, y la alegría de verlo saludarme. Recuerdo el sabor de esas guayabas seleccionadas a mano, dulces y jugosas, rebosantes de sabor.

Y recuerdo el olor de la cocina de Abuela Fina, flotando desde la cocina, llamándonos a casa para cenar. Esas cenas siempre eran un festín, con las deliciosas tortillas de harina caseras de Abuela, frijoles refritos y todas las demás delicias que preparaba.

Los sabores eran tan familiares, tan reconfortantes, tan únicamente suyos. Todavía puedo saborearlos si cierro los ojos. Pero fue ese árbol de guayaba el que definió esas tardes, el que las hizo mágicas. Era un lugar de posibilidades infinitas, donde podía ser quien quisiera ser, donde podía escapar del mundo y simplemente ser un niño.

Recuerdo subir hasta la cima, sentir la brisa en mi rostro y mirar hacia el mundo, sintiendo que todo era posible. Y cuando Abuela Fina nos llamaba para cenar, saltaba de ese árbol, aterrizando con un golpe suave en la tierra blanda debajo, y corría hacia adentro, con el estómago rugiendo de hambre. Era un tiempo más simple, un tiempo de inocencia y maravilla. Un tiempo en el que ese árbol de guayaba era el centro de mi mundo.

Ahora, como adulto, me doy cuenta de cuánto significaba ese árbol para mí, cómo me moldeó, cómo me dio un sentido de pertenencia y hogar. Y aunque ése arbolito ya no está, derribado por alguien que no comprendía su valor, su recuerdo vive en mí. Ese árbol de guayaba siempre será parte de quien soy, un recordatorio de las tardes doradas de mi infancia y el amor y la calidez del hogar de mi abuelita Fina.

Mi hermana Gissel es la rebelde original; siempre defendió lo que creía que era correcto, y usualmente tenía razón. En su espíritu intrépido, encontré inspiración para ser valiente como ella, incluso si eso significaba ir en contra de las expectativas de mis padres. Cuando estaba en Shenandoah Senior High, solía tomar clases de mecanografía y traía a casa su máquina de escribir de la escuela. Me dejaba jugar con ella, y hablábamos, reíamos y escribíamos pequeñas notas juntos solo para practicar la mecanografía. Hoy, tengo cerca de treinta máquinas de escribir, y agradezco a Gissel por haber traído la suya a casa desde la escuela en ese entonces.

Gissel

Cuando mis padres se mudaron a la ciudad de Nueva York en 1974, mi hermana tenía solo dos años. En esta foto, mi hermana está bailando con mi primo Enock, hijo de mi tía Clarita, la hermana mayor de mi papá.

Nacimiento de Gissel

En una tranquila esquina de la ciudad de La Lima, Cortez en un hospital envuelto en la brisa cálida de la tarde, se gestaba un acontecimiento que cambiaría el curso de las vidas de aquellos que lo presenciaron. Era un día singular, impregnado de misterio y expectación, y los protagonistas, llenos de emoción, aguardaban ansiosos en la sala de espera, ajenos al giro mágico que estaba a punto de acontecer.

En la memoria de aquellos presentes, se conserva el susurro de un confidente que se acercó al oído del padre, quien aguardaba con nerviosismo. El médico, al pronunciar las palabras, pintó en su rostro una sonrisa llena de luz: "Ha nacido tu hija, tu primogénita, una hermosa niña". Nació Gissel, la niña que habría de transformar sus vidas, y la emoción que se desató en la habitación superó cualquier descripción.

El padre, quien había surcado un sinfín de caminos, sorteado obstáculos y sumergido en mil aventuras, experimentó una metamorfosis instantánea. Lágrimas de dicha brotaron de sus ojos, y su sonrisa desbordaba más luminosidad que el sol mismo. ¡Nació su hija! Era un milagro inimaginable, pero allí estaba, un don del destino que ni en sueños habrían imaginado.

A su lado, compartiendo su entusiasmo, estaba Esperanza, la madre. Su rostro irradiaba una luz especial, mientras celebraba junto al padre este momento mágico. Juntos, habían esperado con ansias este día, y con la llegada de Gissel, su familia se completó de una manera que solo el destino podía haber planeado.

En ese mundo de incertidumbre y expectación que son los nueve meses de espera, finalmente llegó el momento culminante. Los padres celebraron con amigos y familiares, brindando con cerveza y festejando la llegada de esa nueva vida al mundo.

La pequeña Gissel, con su rostro angelical, heredó la belleza de su madre y la fuerza de su padre. Era un regalo del universo, y todos sabían que su futuro sería deslumbrante. ¿Sería una atleta prodigiosa, un genio de la ingeniería o una artista talentosa? Nadie podía predecirlo, pero todos estaban convencidos de que sería una estrella en cualquier sendero que eligiera. Cuando regresaron al barracón, donde los abuelos,

Josefina y Carlos esperaban ansiosos, ya con el cuartito y la cuna lista para Gisselita, corrieron a abrazar a los nuevos padres y a conocer a la primera nieta de la familia.

Amigos y vecinos se unieron a la celebración. La cerveza se enfrió en una esquina, la música inundó el aire y la alegría se propagó como un contagio. Esa fiesta, que parecía no tener fin, era un tributo a la llegada de Gissel, una niña que había traído alegría y esperanza a todos.

Los padrinos se presentaron con regalos y buenos augurios. La noche avanzaba, pero nadie quería que terminara. Los abrazos, las risas y los cánticos llenaban el ambiente. Ese día, Gissel no solo nació en el hospital, sino que se alojó en los corazones de todos los presentes.

La vida había dado un giro mágico y hermoso con la llegada de Gissel, una niña que se convertiría en la luz de sus vidas, en una razón para sonreír cada día. La celebración continuaba, y mientras miraban hacia el futuro con esperanza, sabían que Gissel sería una niña extraordinaria y que su historia estaba apenas comenzando. En esta historia, el amor y la alegría de Esperanza y el padre serían la base sólida sobre la cual Gissel construiría su propio camino en la encantadora ciudad de San Pedro Sula.

En la foto aparece Gissel, después de una de sus presentaciones escolares. El año es 1979.

Desde que mi hermana era una niña, mis padres se aseguraron de alentarnos a participar en todo tipo de actividades artísticas en la escuela. Mi hermana estaba inclinada a cantar; comenzó en la escuela primaria y secundaria e incluso tuvo su propio agente. Más de una vez, recuerdo que todos íbamos al festival Calle Ocho en La Pequeña Habana para verla actuar.

1974, Ciudad de Nueva York. Mi papá siempre hacía ejercicio: flexiones, abdominales y dominadas. Creaba una sesión de ejercicios con cualquier cosa a su alrededor, como una silla o un sofá. Siempre estaba levantando pesas o levantando algo pesado. Si no tenía nada pesado, usaba a uno de nosotros para levantar. Nos encantaba eso.

Mis padres con mi hermanita en el brazo de mi papá, mi madre con una blusa blanca partiendo un cake. 1974

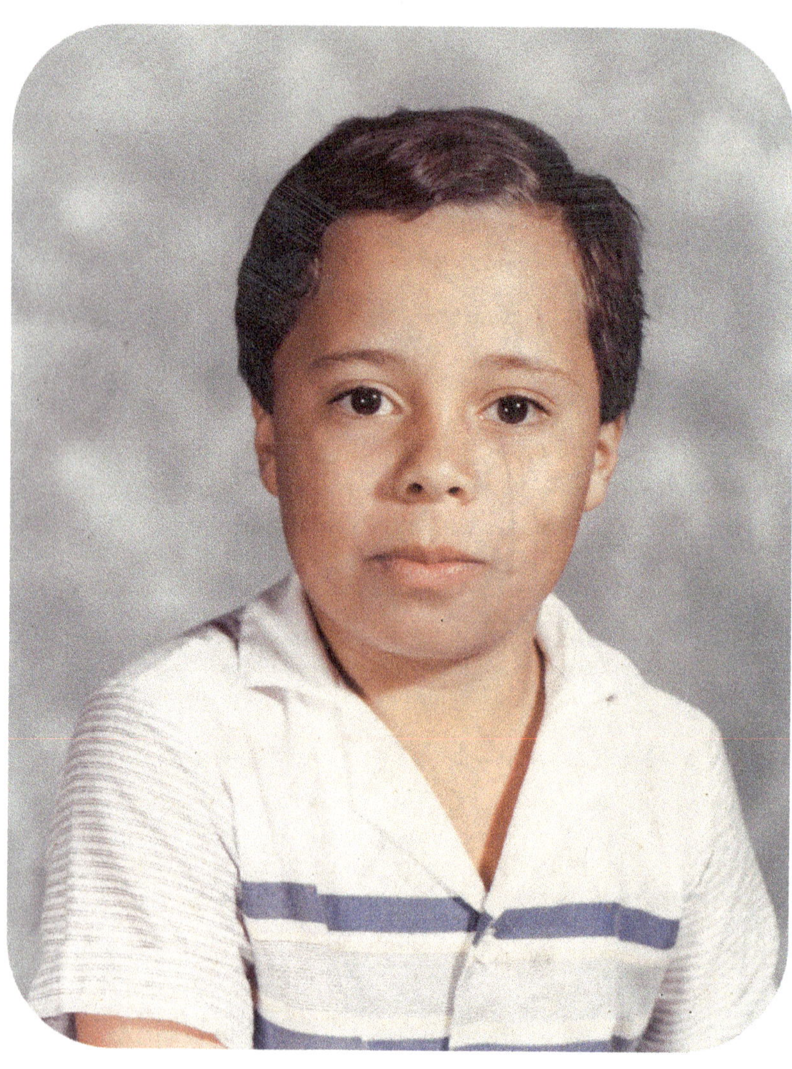

Si pudiera decirle algo a la versión más joven de mí en esta fotografía, sería que todo salió bien, que sobrevivimos, y que yo soy tu futuro. A esa edad, era difícil ver o saber cómo se desenvolverían las cosas, pero a lo largo de los años aprendes a disfrutar del viaje y a atravesarlo todo con fe, sabiendo que las cosas se resolverán de una forma u otra. Los miedos vendrán y se irán, y cada lección aprendida y desaprendida sobre lo que realmente es el amor se volverá más clara a medida que envejezcas. La vida es un viaje de autoconocimiento, y aunque nos encontramos solos a veces, el universo tenía un plan para nosotros todo el tiempo. Aquí estamos hoy con una familia enorme, hijos e hijas, una carrera artística y un corazón feliz que nos hace dormir como bebés por la noche.

Mandito

Ciudad de Nueva York, 1975. En Nueva York, mi papá trabajaba como cocinero. Había aprendido todo sobre cocina durante su tiempo trabajando en el barco de carga por Europa. En Nueva York, los trabajos de cocina eran fáciles de encontrar, pero poco sabía él que en los años venideros y por el resto de su vida, utilizaría las habilidades de carpintería y albañilería que aprendió de su padre.

Manhattan, New York, 1975

Una tarde de enero de 1975, mi padre, Oscar Fuentes, abrumado por los recuerdos, estaba trabajando como cocinero en un restaurante de Nueva York, junto a su cuñado, Armando Montes, esposo de su hermana mayor, Clarita. Mi madre se mecía en una silla, donde pronto comenzaría a sentir los dolores de parto. Era una tarde de mucha nieve cuando, en el restaurante, sonó el teléfono para mi papá con las noticias de que era el momento de irse al hospital. Oscar y su cuñado salieron corriendo bajo el frío y la nieve implacable hacia la estación del tren.

Según me cuentan, nací en uno de los días de nieve más intensos en la historia de Nueva York. Fue por la tarde, el 25 de enero de 1975. En esos años, mis padres habían sobrepasado la fecha permitida en sus visas de turista y, como resultado, se encontraban en una situación ilegal de inmigración, además de tener dificultades para manejar correctamente el idioma inglés. Esto dificultó su capacidad para quejarse adecuadamente en el Hospital Roosevelt cuando notaron mi mano izquierda envuelta y manchada de sangre.

Al parecer, una de las enfermeras no me había puesto el suero en la vena, sino en la piel, y el líquido me quemó la parte superior de la mano. Hasta el día de hoy, 40 años después, la cicatriz todavía está ahí. Recuerdo que mi mamá siempre me decía que cuando creciera, la cicatriz se escondería, pero nunca sucedió, ya que siempre fui un tipo chaparrito.

1975, Ciudad de Nueva York. En esta foto, mi madre me sostiene cuando era un recién nacido, con mi hermana de pie junto a nosotros. No puedo imaginar lo difícil que debió ser para mi mamá vivir en Nueva York con un bebé recién nacido y una niña de tres años, con mi papá trabajando largas horas en el restaurante. Sé que tuvo el apoyo de mi tía Clarita, quien también vivía en Nueva York con su esposo, y del hermano mayor de mi papá, Reynaldo, y su esposa, pero aun así debió haber sido difícil para mi mamá. Aquellos eran días lejanos, pertenecientes a otro tiempo, un tiempo que pertenecía a mis padres.

Barracón # 1883

Allí vivíamos todos, allí nos criamos juntos. Mis tías y tíos, todos ellos eran niños. Mi hermana Gissel tenía sus dos añitos y yo apenas ocho meses.

Yo tenía una cicatriz roja en la parte superior de mi mano y abuela Fina y abuelo Carlos me cuidaban con un cariño fuerte.

Yo tenía alergia a la leche que me daban y pasaba vomitando después de tomar el Pepe.

Mi abuela siempre advertía a mis tías:

¡"Cuidado con hacer vomitar a ese niño que macaneo a todas"! y mis tías Julia y Lupe me daban el biberón con tanto cuidado.

Sin embargo, cuando empezaban a hacerme eructar con sumo cuidado, volvía a vomitar una vez más. Mis abuelos finalmente me llevaron al doctor Boto, un pediatra local, y finalmente me dio un remedio para los vómitos.

Luego pude tomar mi leche y mis jóvenes tías Lupe y Julia podían alimentarme y jugar conmigo sin preocuparse de meterse en problemas con mi abuela.

A medida que crecía, me hice cercano a un vecino de mis abuelos llamado Santiago.

Tenía solo alrededor de un año y medio, y mi tía Julia me cuenta que siempre que lo veía, me emocionaba mucho y corría hacia él gritando: ¡"Tatayo! ¡Tatayo! ¡Mire un piojo"! señalando mi cabello para hacerle saber que tenía piojos.

Y yo avergonzaba a todas mis tías, ya que ahora todos sabían que teníamos piojos en el barracón.

Julia también recuerda que mi tío Alonzo era muy cercano a mí y a Gissel, especialmente a Gissel, porque era la primera sobrina de la familia.

Eventualmente, todos nos mudamos del barracón a la casa actual, cerca de la entrada de la colonia Rivera Hernández, donde muchas otras historias se desarrollaron para cada uno de nosotros.

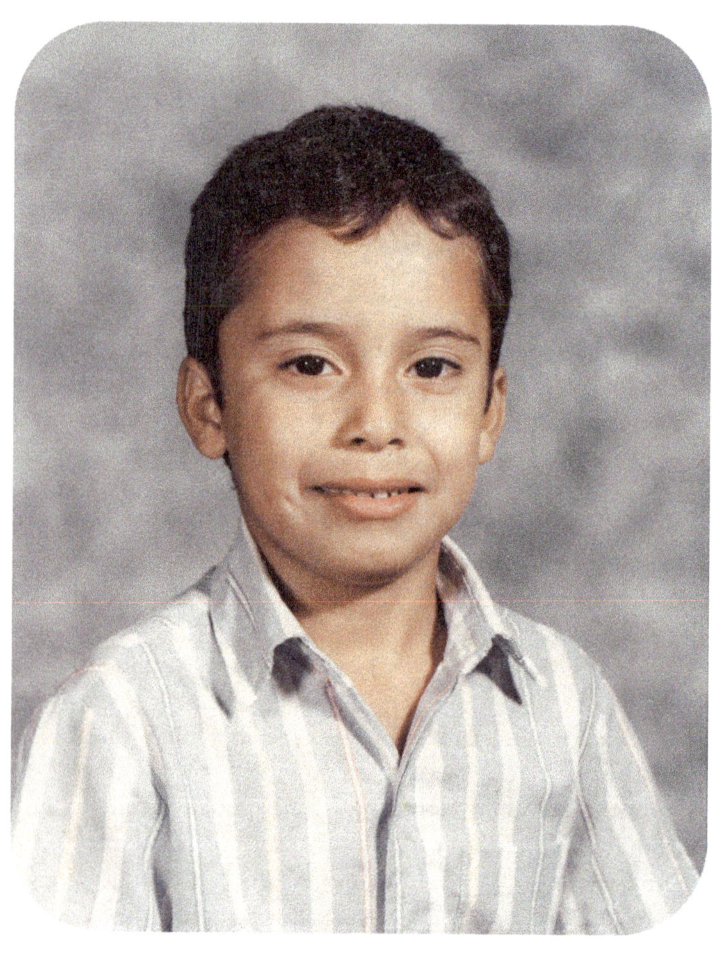

Aproximadamente a mediados de los 80. Mi hermano es tres años menor que yo y, durante los primeros años de nuestras vidas, él era mi hermanito. Sin embargo, a medida que crecíamos, él se volvió más alto que yo y, quiero decir, maduró más rápido que yo. Hoy en día, mi hermano es un héroe para mí. Lo admiro y respeto como persona. Es un excelente hijo para nuestros padres y un padre maravilloso y amoroso. Mi hermano siempre me inspira y es alguien a quien quiero y respeto profundamente.

Toñito

2021, Miami, Florida. Esta foto captura el momento en que celebramos el 50 aniversario de bodas de mis padres. Fue muy agradable para todos nosotros reunirnos en Miami, tomar fotos juntos, documentar y celebrar la historia de amor de mis padres.

Carlos Antonio Fuentes (Mi hermano menor)

Mi hermano menor, Carlos Antonio Fuentes, de alguna manera la tuvo fácil con mis padres por ser el más joven de los tres. Es como si mis padres, con mi hermana Gissel, su primogénita, intentaron moldearla con el estilo de crianza que mis abuelos usaron con ellos, sin saber que mi hermana tiene el espíritu de un león salvaje indomable, y así, estoy seguro de que mis padres aprendieron y des-aprendieron muchas lecciones sobre la crianza y lo que significa criar a un hijo nacido con su propia personalidad ya completamente desarrollada. Cuando yo nací, debe haber sido para mis padres como su segunda oportunidad para probar todas las habilidades de crianza diferentes que habían aprendido con mi hermana y en mí encontraron a un niño pacifista, y en comparación con mi hermana, y para mis padres, yo debía parecer extremadamente relajado y sosegado. Cuando nació Carlos, creo que mis padres ya habían renunciado a todos los esfuerzos de crianza y prácticamente le permitieron hacer lo que quisiera. Estoy exagerando aquí, por supuesto. Bromas aparte, admiro a mi hermano Carlos, me inspira la manera en que se comporta como un hijo amoroso con nuestros padres, es un excelente padre para sus dos hijos, Daniel y Valeria, y un compañero leal y amoroso para Belkis. Mi hermano siempre fue mejor en todo lo que hizo. Papá solía ser fanático de Bruce Lee y así logró mantenernos en la escuela de karate durante toda nuestra juventud, en realidad casi 18 años, y de los tres, Carlos fue el único que terminó encontrando una carrera de por vida en las artes marciales. Entre mi hermana, él y yo, teníamos cerca de cien trofeos de todos los torneos en los que competimos, papá incluso construyó estantes a lo largo de toda una pared para que pudiéramos exhibirlos. Mirando todos esos trofeos, para mi papá, debe haber sido una representación de sus esfuerzos como padre que proporcionó una salida atlética a sus hijos. Si tuviera que describir a mi hermano en tres palabras, elegiría: resiliente, motivado y comprometido.

Aproximadamente a finales de los 80. Silver Bluff Elementary fue una de las escuelas primarias a las que asistimos mi hermano y yo. Mi hermana iba a una escuela diferente; ella estaba en la escuela secundaria. Estos años de escuela primaria fueron muy divertidos para nosotros. Jugábamos mucho juntos. Mi hermana era muy amable con nosotros, una hermana muy cariñosa y atenta. En esos días, teníamos una rutina bastante estricta de ir a la escuela y luego ir a la escuela de karate hasta la hora de la cena. Esta rutina se mantuvo con nosotros durante 18 años hasta que fuimos adultos jóvenes.

Miami

Aproximadamente en los 90. Mi abuela tenía un profundo sentido de humildad y compasión. En su espíritu simple, desinteresado y generoso, tenía un sentido visceral de comprensión y hacía que todos se sintieran amados y apreciados.

La Despedida

Ese día lo recuerdo como si fuera una película en cámara lenta. Me veo despidiéndome de mi abuelita, parado frente a su casa. Las maletas ya estaban en el baúl del taxi. Mi abuelo Carlos estaba sentado al frente con el chofer, en el asiento trasero estaban mi mamá, Gissel, Tono y yo, mirando a mi abuelita por la ventana. Los dos llorábamos, mirándonos intensamente a los ojos con ese amor único de abuela y nieto. La imagen de mi abuelita se hacía más pequeña mientras el taxi se alejaba lentamente hacia el aeropuerto.

Yo gritaba su nombre entre lágrimas de niño, sabiendo que esa señora a la que dejábamos atrás la quería más que a mi propia madre. Mi mente estaba repleta de hermosos recuerdos junto a ella, mis primas Jenny y Carolina, y mis tías. Todas esas noches en las que me dormía con el olor a Vicks Vaporub que ella se ponía en el pecho, y yo me quedaba dormido en sus brazos, sintiendo que con ella a mi lado, nada malo podía pasar.

Esa separación marcó el comienzo de mi nueva etapa lejos de Honduras y mi nueva vida en Miami.

Aproximadamente a mediados de los 80. Esta foto capturó un momento muy feliz de nuestra infancia. Compartimos muchos recuerdos felices con nuestros primos en Miami, reuniéndonos, jugando, pasando el rato, celebrando cumpleaños y otras ocasiones especiales. Fotos como esta abundan en el álbum de fotos de nuestros recuerdos. Aquí, vemos a mi primo Junior con una camisa negra y sonriendo. Él falleció hace un tiempo. Junior fue quien me dio la bienvenida a Miami cuando llegué de Honduras. Me hizo sentir bienvenido, me tomó bajo su protección, me enseñó a bailar breakdance y me llevó a todas partes en el manillar de su BMX. Incluso en mi adultez, mi primo siempre fue muy especial para mí. Amo esta fotografía.

Lazos de Unión

El sol se estaba poniendo en el horizonte mientras el avión descendía hacia Miami. Mi corazón latía con una mezcla de emoción y nerviosismo mientras anticipaba conocer a mis primos del lado de mi padre por primera vez. Durante mi infancia, la mayoría de mis recuerdos estaban entrelazados con la familia de mi madre en Honduras. Su calidez y presencia constante en mi vida los convirtieron en la piedra angular de mi mundo.

Al llegar a mi nuevo hogar en Miami, me encontré en un mundo que era a la vez familiar y extranjero. Aunque aún no conocía a los primos del lado de mi padre que vivían en Miami, ya estaba familiarizado con los primos Fuentes de Honduras. La dinámica con el lado de la familia de mi padre era diferente. Era típico que el lado de la familia de la madre estuviera más involucrado con los niños, pero aquí, las interacciones eran menos frecuentes por defecto. Aun así, cada momento con los primos de mi padre revelaba capas de amor y unidad que trascendían cualquier diferencia.

Descubrí tradiciones únicas y matices culturales que distinguían a la familia de mi padre. Desde reuniones animadas llenas de risas hasta momentos tranquilos de historias compartidas, cada experiencia profundizó mi conexión con ellos. Nuestro vínculo se fortaleció mientras navegábamos por los ajustes iniciales, forjando recuerdos que se convertirían en capítulos queridos en la historia de nuestra familia.

Al mirar hacia atrás, me di cuenta de que Miami guardaba un tesoro de recuerdos con el lado de la familia de mi padre. Esos momentos compartidos me enseñaron que la familia no se define por la proximidad o la frecuencia de las interacciones; se trata del amor y la unidad que nos unen. Mi tiempo en Miami fue más que simplemente vivir con primos; se trataba de crear lazos de unión y abrazar la riqueza de las diversas dinámicas familiares.

El pueblo de Riolindo ocupaba un lugar especial en mi corazón, con su hermoso y ruidoso río donde solíamos bañarnos y jugar. Esos momentos junto al río con mis primos, Enoch, Fabiola y Gabriela, estaban grabados en mi memoria, llevando consigo la alegría y la libertad de las aventuras de la infancia que siempre atesoré.

Al crecer en Miami, pasé mucho tiempo con mi tía Zulema, quien trabajaba en el Edificio Bacardi en Biscayne Boulevard en la 21st. Sus hijos, Vanessa y Miguelito, eran más jóvenes que nosotros, pero compartíamos innumerables risas y creamos recuerdos queridos juntos. Recuerdo vívidamente celebrar cumpleaños con ellos, soplar las velas de la torta y capturar estos momentos de alegría en fotografías que atesoro hasta el día de hoy.

Finalmente, mis padres tuvieron que regresar a Honduras debido a su estatus migratorio ilegal, dejándome solo para navegar la vida en Miami. Durante este tiempo, mi tía Zulema se convirtió en una presencia significativa en mi vida. Ella llegó a conocer a una versión adolescente de mí, presenciando mi camino mientras me convertía en un joven con trabajo, asistiendo a la escuela, terminando la secundaria y postulándome a una universidad de arte. Su apoyo y comprensión durante este período fueron invaluables, y hasta el día de hoy, estoy profundamente agradecido por su presencia en mi vida.

Con el paso de los años, mis padres finalmente se convirtieron en ciudadanos estadounidenses, eventualmente se jubilaron del trabajo y encontraron una forma de vivir más de la mitad del año en Honduras y unos meses en Miami principalmente para sus citas médicas. Todos eventualmente envejecieron, y algunos incluso fallecieron. En mi corazón, puedo sentir el persistente recuerdo entristecido de la pérdida de familiares que amaba profundamente, como mis abuelos Toño, Nena y Fina, mi primo Junior quien me acogió en sus alas a principios de los 80 y me presentó a un estilo de vida completamente nuevo en una América del breakdance, y mi tía Miriam y tío Alonso quienes recuerdo que pasaban el rato juntos en Miami en nuestras reuniones familiares en nuestra casa. Y más recientemente, la pérdida de mi tío Marcos, el mayor de los tíos Fuentes.

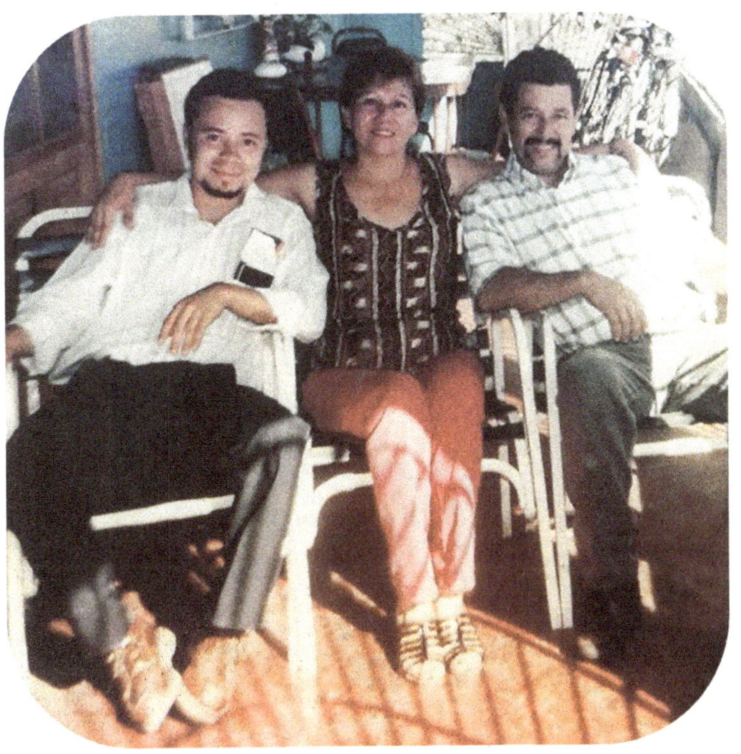

Aproximadamente a finales de los 90. Colonia La Planeta, Honduras. Estamos sentados fuera del porche de la casa en la que solíamos vivir en La Colonia Planeta. En esta foto, se ve a mi papá y a su hermana mayor, mi tía Clarita, antes de que yo volara de regreso a Miami. Creo que mi visita a Honduras esa vez duró cerca de un mes.

Tío Gerardo y ET

Recuerdo esta historia como un relato entrelazado en los pliegues del tiempo, impregnado de nostalgia y envuelto en el realismo mágico de la vida misma. Todo comenzó cuando mi tío Gerardo se embarcó en la misión de prepararme para el examen de ingreso al instituto técnico de San Pedro Sula, en aquellos tiempos en los que la adolescencia parecía un horizonte lleno de interrogantes y promesas.

Mi tío Gerardo, un hombre de corazón generoso, desplegó su esfuerzo con una tenacidad admirable para inculcarme conocimiento y disciplina. Sin embargo, yo, en mi juventud rebelde, nunca fui un niño centrado, al menos no de la forma que se requería para superar ese examen crucial. Mi mente volaba entre las mariposas de la imaginación, mientras él trataba de anclarla en las páginas de los libros y en las posibles preguntas que podrían asaltarme en el futuro.

Pero mi tío Gerardo no solo dejó su huella en mi vida en ese momento. Cinco o siete años antes, me llevó al cine en San Pedro para ver el estreno de "ET" de Steven Spielberg. Recuerdo la alegría que me dio cuando supe que íbamos al cine, cuando comprendí que mi tío me había elegido a mí para compartir ese momento único. Éramos solo él y yo, inmersos en una multitud que desapareció ante la magia de la pantalla. Mientras la historia de "ET" se desenvolvía ante nuestros ojos, experimenté una conexión especial con mi tío, como si estuviéramos suspendidos en el tiempo, entre dos mundos extraterrestres, uno real y otro lleno de sueños.

Mi tío Gerardo, en su juventud, había sido un atleta olímpico, capaz de hazañas físicas asombrosas. Recuerdo haber visto fotografías suyas, desafiando la gravedad con una vara larga, superando obstáculos que parecían sacados de los cuentos de hadas. Para mí, en mi mente infantil, era un verdadero héroe, a pesar de ser el hermano menor de mi madre. Era un faro de admiración y asombro en medio del vasto océano de mi infancia.

Los años pasaron y, eventualmente, mis padres nos llevaron de regreso a Miami, dejando atrás San Pedro Sula y a mi tío Gerardo. Perdí el contacto con él, y me culpo a mí mismo, pues me vi arrastrado por el curso de crecer en una nueva ciudad, donde la vida escolar y nuevas amistades me mantuvieron ocupado. A pesar de haber nacido en Nueva York, mis primeros años los había vivido con mis abuelos en Honduras, y sin mi tío a mi lado, me vi obligado a ceder ante ese torbellino y a convertirme en un joven que siempre llevaba en el corazón el recuerdo de mi tío heroico y especial, Gerardo Zúniga.

Aproximadamente de principios a mediados de los 90, Miami, FL. Cuando mi tío Gerardo llegó a Miami, vino con mucha experiencia laboral. Sabía trabajar con sus manos y era un maestro carpintero. Recuerdo que tenía un gran trabajo en una mansión en Pinetree Drive en Miami Beach, trabajando con puertas de madera sobredimensionadas. Estaba tan orgulloso de haber completado el trabajo, y los propietarios elogiaron sus habilidades en carpintería fina. Hoy en día, sigue siendo el mismo tío feliz que siempre hemos conocido. Quiero decir que el vínculo que mi hermana, mi hermano y yo compartimos con mi tío Gerardo es muy único y especial.

Aproximadamente en los 80. Yo era muy joven cuando mi tío jugaba fútbol en su juventud. Lo recuerdo en el campo, siendo muy deportista. A medida que crecí y visitábamos Honduras desde Miami, siempre recuerdo a mi tío esperándonos en el área de aduanas porque trabajaba en el aeropuerto. Nuestro equipaje siempre estaba listo, y entrar al país era fácil gracias a mi tío. Mi tío era un hombre de negocios, un individuo muy respetado, un padre amoroso para mis primos, un esposo amoroso y muy cariñoso con mis abuelos. La pérdida de mi tío fue un golpe muy doloroso para todos nosotros en nuestra familia. Sé que ahora está junto a mi abuela y mi tía Miriam, poniéndose al día con las cosas que necesitan. Sé que los tres continuarán guiándonos desde arriba.

Tío Alonso

Alonso (Carlos A. Zuniga Juárez)

Cuando yo era niño, y casi todas mis tías aún vivían allí, en la casa de mis abuelos Zuniga, también vivían dos primos de mi abuelo Carlos: Óscar y Héctor. No recuerdo cuál de los dos se había cortado un dedo de una de las manos una vez que machetearon cocos de agua dulce para acompañar aquellos almuerzos de domingos familiares. Cada vez que me servían esa fresca agua de coco, recordaba el pobre dedo de Héctor. Yo quería mucho a estos dos primos de mi abuelo, ellos me ayudaron mucho y me cuidaron bastante. Cuando mi abuela los mandaba a comprar leña para la hornilla, yo le suplicaba que me dejara ir con ellos. En la casa, los mandados se hacían en bicicleta o en una moto moped. Recuerdo una vez que salimos Héctor y yo por la tarde a comprar pan y azúcar a una de las pulperías en Calpules, yo iba sentado en la parrilla trasera de la bicicleta. Ya habíamos cruzado toda la colonia cuando Héctor me preguntó:

Héctor: *"Mandito, ¿quieres pasar por el campo un ratito para ver a tu tío Alonso jugar?"*

Yo siempre escuchaba a Hector hablar de mis tíos, de lo bueno que ellos jugaba el fútbol y ahora finalmente era mi oportunidad de verlos en acción.

Yo: *"¡Sí, hombre, vamos"!*

En aquellos días, mis tíos jugaban al fútbol y era común verlos jugar con aquel grupo de gente que venía de todas las colonias cercanas para jugar diferentes partidos. Héctor me llevó al campo donde jugaban. Allí estaban mis tíos Gerardo y Alonso, Quique Carillón, Bonerjes, el Capitán y Beto, algunos de los mejores jugadores del pueblo. Ellos formaban parte de aquel grupo de amigos que se reunían cada fin de semana para disfrutar del fútbol y la camaradería.

Los espectadores llenaban las gradas improvisadas, animando a sus equipos con pasión. La tensión en el aire era notable mientras los jugadores se preparaban para el partido.

Yo desde lejos saludé a mis tíos y desde lejos ellos respondieron, "¡Mandito!"

El árbitro hizo sonar su silbato, dando inicio al encuentro.

La pelota rodaba de un lado a otro del campo, con Quique Carillón mostrando su habilidad en el mediocampo, controlando el ritmo del juego.

Gerardo, conocido por su velocidad y agilidad, se deslizaba entre los defensores rivales, buscando una oportunidad para marcar. El Capitán dirigía a su equipo con determinación, organizando la defensa y lanzando ataques rápidos hacia el arco contrario. Beto, el portero, se lucía con sus impresionantes atajadas, manteniendo su arco invicto.

El partido estaba reñido, con ambos equipos luchando por dominar el juego. Pero fue en un momento de brillantez que Alonso, en la delantera, tomó el control del balón. Con una serie de fintas y regates, dejó atrás a sus marcadores y se plantó frente al arco rival. Con un potente disparo, la pelota se elevó por los aires y se coló en la red, marcando un golazo espectacular.

El campito aquel estalló en alegría mientras los aficionados celebraban el gol de mi tío Alonso. Sus compañeros y Gerardo corrieron hacia él para felicitarlo, mientras que los adversarios reconocían la genialidad del gol. Fue un momento de gloria para Alonso y para todo el equipo, que se quedará grabado en la memoria de todos los presentes durante mucho tiempo. Pero mi tío Alonso también tuvo muchísimos goles simbólicos en la vida, goles, bendiciones con su hermosa familia, Estela, sus dos hijas y dos hijos, y a mediados del tiempo, sus nietos. Golazo y bendición para él fue también haber nacido del matrimonio de sus cariñosos padres, mis abuelos, que siempre tuvieron un amor incondicional para toda esta familia Zuniga que inspira amor. Hoy todos los Zuniga sabemos muy bien que para nosotros, el máximo gol y bendición fue mi tío Alonso, con su generosidad y dedicación a su familia y sus amistades, con su sinceridad paterna y de hijo y de hermano que siempre brilló con una luz guiada por Dios.

Reliquias del Corazón

Aproximadamente a finales de los 80 o principios de los 90. En esta fotografía, la primera persona que ves es mi tía Miriam. Se ve tan juvenil, saludable y feliz, sonriendo. Mi tía Julia está sentada a su lado con los ojos cerrados, y de pie junto a la pared está mi madre, también escuchando atentamente.

Tías

Aproximadamente a finales de los 80 o principios de los 90. Honduras. Sé que mi tía Miriam adoraba a su hijo Juan Carlos. Ese amor fue la razón por la que se fue a los EE. UU. para encontrar una mejor oportunidad. Si ella pudiera ver el hermoso ejemplo de éxito que es su hijo hoy, un querido médico y propietario de un edificio hospitalario que lleva nuestro apellido.

¡Salud a nuestras valientes guardianas!

Eldy: [Levantando su copa de vino] *¿Recuerdan aquel día tan aterrador?*

Lupe: [Asintiendo] *¡Cómo olvidarlo! Fue un susto que nos dejó temblando a todos.*

Gloria: [Tomando un sorbo de vino] *¿Qué pasó exactamente?*

Aide: [Uniéndose a la conversación] *¡Ay, sí! ¿No les dije que los chicos pueden ser tan traviesos a veces?*

Eldy: [Riéndose] *Sí, pero este no fue un simple juego de niños. Fue un verdadero peligro.*

Lupe: [Mirando hacia el exterio] *Recuerdo ver a ese niño corriendo hacia nosotras, llorando y gritando.*

Gloria: [Con interés] *¿Y qué pasó después?*

Aide: [Continuando la historia] *Julia y Miriam salieron como un rayo hacia él. ¡Ni siquiera miraron si venían autos!*

Eldy: [Asintiendo] *Fue un acto de valentía increíble. No sé cómo cruzaron esa calle tan rápido.*

Lupe: [Con nostalgia] *Pero lo más importante es que llegaron a tiempo para protegerlo.*

Gloria: [Emocionada] *Wow, suena como un momento realmente intenso.*

Aide: [Asintiendo] *Lo fue. Miriam mostró una valentía impresionante al enfrentarse al taxista.*

Eldy: [Levantando su copa] *Por nuestras increíbles hermanas, ¡que siempre estuvieron y están ahí para protegernos!*

Lupe: [Uniéndose al brindis] *¡Salud a eso!*

Gloria: [Levantando su copa] *¡Salud a nuestras valientes guardianas!*

[Aide, Eldy, Lupe y Gloria chocan sus copas y continúan disfrutando de su vino, recordando aquel día lleno de emociones.]

Aproximadamente 1990. Miami, Florida. En esta foto ves a mi madre y sus hermanas Julia Lupe, Aide, y su hijo, el pequeño Arthur Smith, que acabó convirtiéndose en entrenador de fútbol universitario en Virginia Occidental.

Aproximadamente en los 90. Miami, FL. Aquí están retratadas mi tía Miriam y mi tía Julia.

Julia y Miriam

1981, Calpules, Honduras. Jueves 11:30 AM. Ese día caminaba a casa de mi abuela desde la escuela elemental. Iba por la calle que conducía directamente a la colonia Rivera Hernández y ya me acercaba a la calle principal. Mientras caminaba, jugaba con algunas piedritas de cascajo, cuando de repente pasó un autobús y le lancé una piedrita a una de las ruedas, haciendo que la piedra rebotara en el aire. Como era un niño, me causó risa y me resultó divertido. Luego vi que se acercaba un taxi Volkswagen blanco. Preparé la pequeña piedra en la palma de mi mano, caminé despacio, esperando a que el taxi se acercara más, y cuando pasó a mi lado, rápidamente le lancé la piedrecita a la llanta, la cual rebotó contra el tapacubos de la rueda, produciendo un sonido metálico muy alto.

El automóvil continuó avanzando, miré nuevamente hacia atrás y el auto se detuvo. Luego vi que las luces de reversa se encendieron y comenzó a retroceder rápidamente hacia mí. Fue entonces cuando empecé a correr en un miedo horrible, gritando tan fuerte como pude: ¡ABUELITA! ¡Abuelita! Seguí corriendo y gritando por mi vida. Ya estaba directamente al otro lado de la calle y seguí gritando y corriendo.

En el otro lado de la calle, en la sombra del porche de la casa, meciéndose en hamacas, estaban mis tías, Yamile, Lupe, Eldy, Julia y Miriam. A través del ruido de la concurrida calle, escucharon mi voz de niño de seis años gritando pidiendo ayuda. Julia y Miriam salieron corriendo de la casa, en sus shorts jeans, con una velocidad, que ni siquiera sé cómo cruzaron esa calle sin mirar si venían autos de ambos lados. Lo siguiente que supe es que mi tía Julia me abrazó y yo lloraba incontrolablemente en sus brazos.

El taxi se detuvo a 10 pies de distancia, el conductor salió y se quedó mirándonos. ¿"Qué te pasa, loco hijo de puta? ¡Cuidado con tocar a este niño que te mato"! Gritó Julia abrazándome. El hombre desabrochó su pistola de la cintura, y antes de que pudiera apuntarnos, mi Tía Miriam apareció detrás de nosotros, nos empujó con fuerza fuera de su camino y sobre el césped, y lo miró con ojos sin miedo.

"Si le vas a disparar a alguien, dispárame a mí", dijo ella golpeándose el pecho con la mano derecha abierta.

El hombre inmediatamente bajó su pistola y comenzó a quejarse de que yo fui quien arrojó una piedra a su auto y rompió su ventana trasera, y que...

"Él es solo un niño, ¿qué diablos estás haciendo, persiguiéndolo con tu coche? ¿Estás loco"? dijo Miriam, interrumpiendo al hombre.

El taxista, frustrado, volvió a subir a su auto y se fue. Los tres cruzamos la calle mientras Julia me llevaba en brazos, donde mis otras tías esperaban, aliviadas y llorando, abrazándome y besándome.

Aproximadamente en los 90. En esta fotografía, ves a mi madre, mi tía Aide, que está embarazada de mi primo pequeño Arthur, y junto a ellas está mi tía abuela, hermana de la abuela Fina. Recuerdo que mi mamá me llevaba a sus visitas con ellas y las escuchaba hablar mientras yo bebía refresco con dulces y simplemente pasaba el rato con ellas. Recuerdo el coche contra el que están apoyadas. Incluso recuerdo la luz del día capturada en esta foto.

Aproximadamente en los 80. En esta foto, vemos a mi tía Rosita y mi tía Clarita sentadas en un sofá en la casa de mis abuelos en Colonia San Cristóbal. Recuerdo ese mismo sofá, donde solía sentarme y jugar con mis primos. Recuerdo esa casa tan claramente: todas las habitaciones, el primer piso, el segundo piso, la sala de estar y el patio trasero. Recuerdo a mis dos tías muy claramente, siempre amables y cariñosas, y felices, siempre muy felices. Soy muy afortunado de tenerlas a ellas y a sus hermanas Patricia y Zulema en mi vida, y mi padre fue muy afortunado de tenerlas como hermanas.

Aproximadamente en 1973, Nueva York. En esta fotografía, ves a mi madre bailando. Mi hermana y mi primo Junior también están en la foto. Ella se ve tan feliz bailando en Nueva York en 1973.

1998, Colonia San Cristóbal, Honduras. En esta foto, estoy sosteniendo uno de los gallos de mi padre. Cuando fui a Honduras en 1998 después del huracán Mitch, para ayudar con cualquier cosa que se necesitara después de la inundación, pasé mis días entre nuestra casa en Colonia La Planeta y el patio trasero de mi abuelo en San Cristóbal. Antes de que el huracán llegara, la principal preocupación de mi padre era asegurarse de que su colmena estuviera por encima del suelo y que los gallos no se ahogaran en la inundación. Tenía unos 80 gallos, además de una buena cantidad de gallinas y polluelos. Mi padre solía entrenar a estos gallos para las peleas de gallos locales. Era muy cuidadoso al mantener todas sus áreas limpias con aserrín fresco y a los pájaros bien alimentados y vacunados.

Pelea de Gallos

Me acuerdo aquel día que atendí una pelea de gallos allá en Siguate-peque, Honduras. Muchos hombres campesinos esperaban la llegada de los gallos. Galleros profesionales que le daban un riguroso entrenamiento a sus mejores gallos durante todo el año. La gente respetaba a estos galleros, conocidos por sus excelentes gallos de sangre pura.

En el pequeño patio donde se celebraba el evento, un rincón esperaba la llegada de las jaulas de los gallos. Dentro, los gallos se insultaban mutuamente con sus cantos. Mientras los gallos de pelea lanzaban sus cantos, la gente se trasladaba al patio, la casa del hombre humilde que se ofreció a construir el ring de pelea y ser el anfitrión del evento.

El ring se construyó en el centro de su patio. A su alrededor había bancas altas y sillas de madera que él mismo había construido. El ring consistía en largas tiras de contrachapado alrededor de un marco circular. El suelo estaba cubierto de aserrín, virutas de cedro y una capa de aserrín de pino.

En el rincón opuesto a los gallos se encontraba la esposa del hombre humilde, una mujer pasiva, similar a muchas que vivían en el pueblo. Estaba detrás de un mostrador de madera vendiendo naranjas, cigarros, frutas tropicales y cerveza. Los fanáticos galleros bebían tanta cerveza que parecía que el evento nunca comenzaría.

Cuando finalmente se consumió la cerveza y los peleadores de gallos estaban todos borrachos, surreal mente se tendieron en el suelo. Me imaginé que estaban muertos, porque yacían sin decir una palabra. Incluso los gallos estaban dormidos. Los únicos despiertos éramos la esposa del humilde dueño y yo.

Ella parecía estar enojada, como si estuviera pensando: *¡El muy cabrón! ¡El muy hijo de puta se ofrece a ser el anfitrión del evento, construye un ring, se emborracha con sus amigos galleros y luego se olvida de todo!*

Tomando una botella de cerveza vacía, la estrelló contra la pared de hormigón de seis pies detrás de ella. Al sonar la explosión de la botella, los hombres se despertaron como abejas asesinas saliendo de su trabajo diario en la colmena cuando alguien la golpea con una piedra.

Inmediatamente, su esposo se puso en el centro del ring y dijo:

¡"Bienvenidos sean todos los galleros que se encuentran aquí presentes! ¡Hagan sus apuestas! ¡Mucha suerte, y que empiece la pelea de gallos! ¡Hijos de puta"!

Los galleros alrededor aplaudieron ruidosamente, y dos saltaron en el centro del ring con un gallo en sus manos. Un gallo pinto y un gallo giro. Se estrecharon las manos y dejaron que los gallos se vieran entre sí. Las aves, listas para pelear al instante, con las plumas del pescuezo paradas, eran hermosas, mucho más elegantes que las águilas.

Los hombres en el ring se señalaron entre sí y lanzaron sus aves al aire, mientras la audiencia aplaudía y gritaba. En el rincón donde esperaban las jaulas, los gallos parecían meditar con el ruido de la multitud, ellos estaban completamente tranquilos.

Por un momento, el tiempo pareció congelarse. Todos permanecimos inmóviles, con la boca abierta, mirando a las aves en el aire. Parecían flotar a tres o cuatro pies sobre el centro del ring, apuñalandose mutuamente. Cuando se conectaban y desconectaban, las afiladas espuelas perforaban los cuerpos del otro.

Durante unos momentos, lucharon en el aire, luego uno aterrizó en el suelo cabeza abajo, casi muerto, escupiendo sangre. El rojo escarlata manchó el aserrín amarillo que cubría el suelo.

El vencedor, el gallo pinto, descendió al suelo con elegancia y gracia, creando ráfagas de viento al batir sus alas y enviando aserrín por todas partes en una nube que bloqueaba toda visibilidad. La multitud estaba totalmente eufórica y a la vez tranquila mientras el vencedor doblaba sus alas y cantaba su canción de victoria. Los otros gallos en sus jaulas agregaron sus voces al caos.

La audiencia volvió a la normalidad. La esposa del anfitrión acababa de recibir otro barril de cerveza, y todos los hombres formaron una fila frente al mostrador de madera. Encontré una banca casera y me senté, sabiendo que pasaría un buen tiempo antes de que comenzara el próximo enfrentamiento.

Ilustración de Crystal García del Zine, 'The Cock Fight', escrita por mí, Oscar Fuentes.

Circa 1970 o 1971. Foto de mi padre: Oscar Armando Fuentes Aguirre.

Un Amigo Olvidado

Oscar salió a dar un paseo en bicicleta. Gloria había decidido tomar el autobús porque se sentía demasiado mayor para montar en bicicleta con Oscar.

La humilde casa azul claro de Josefina, la madre de Gloria, estaba a seis millas de distancia de su casa. Ambos habían ido a visitar a los ancianos, ya que había pasado un tiempo desde la última vez que se vieron. En realidad, Josefina había estado enferma durante bastante tiempo, y había contraído la gripe muy mal, y sus rodillas se habían debilitado, y las venas de sus piernas también se habían vuelto gruesas y azules, a veces moradas, pero su hija había ido con Oscar, y ella iba a estar bien.

Gloria había ido a la escuela de enfermería y realmente sabía cómo manejar la aguja de inyección. ¿Quién sabe exactamente cuántas inyecciones había dado a la gente? Todos en su vecindario sabían que era una enfermera certificada, y la mayoría de ellos habían ido a su casa una o dos veces para una inyección o dos.

Pero ahora Gloria se encontraba dentro de la casa de su madre, la misma casa exacta en la que había vivido desde que era una niña pequeña. Ahora, después de cincuenta y tantos años, Gloria se encontraba en la vieja casa y mientras inyectaba el antibiótico en el brazo izquierdo de su madre, Gloria pensaba en su infancia. Pensaba en los muchos pequeños detalles grabados en su memoria. Las paredes de la casa de su madre, el viejo piso de baldosas, el viejo techo alto, sus amigas perdidas, sus cinco hermanas y sus dos hermanos, pensaba en ellos como niñas y niños, y pensaba en el tiempo; cómo había pasado tan rápido. Gloria pensaba en sus tres hijos y cómo cada uno de ellos había comenzado su vida familiar. Pensaba en Oscar junior y su novia embarazada, y el bebé dentro de su vientre.

¿"En qué estás pensando, mami"? preguntaría Josefina.

"En mis hijos. Estoy pensando en mi hijo".

"Son bellos los tres".

"Sí, los entraño bastante".

"Sí, yo también".

Gloria ya había inyectado el antibiótico en el brazo de su madre y una hora acababa de pasar desde que había llegado a la vieja casa.

"Mira, ahí viene tu esposo".

¿"Dónde"?

"Allí". Josefina señaló con su brazo derecho hacia afuera. Su brazo izquierdo se sentía adormecido, con un constante choque eléctrico de dolor. Gloria miró por las ventanas y mantuvo sus ojos fijos en Óscar.

Óscar montó en su bicicleta por esta pequeña colina donde se había tendido el pavimento de la calle principal, a unos cincuenta pies frente a la vieja casa de Josefina.

Siguió avanzando, maniobrando su bicicleta y la detuvo justo en la puerta principal de la casa. Se bajó de ella. La estacionó bajo la sombra tropical de un árbol de almendras. Abrió la puerta delantera lentamente y entró bajo el techo de lámina del porche delantero de la casa.

Óscar entró en la casa por la puerta principal sintiéndose sin aliento, sus piernas se sentían débiles y el sudor corría lentamente por ambos lados de su frente.

"Te preocupaste un momento, mi amor", Gloria le dijo.

"Oh, estoy bien, mi princesa. Hacía tiempo que no montaba esa bicicleta".

"Lo sé", respondió Gloria.

¿"Por qué no te sientas y descansas? Te haré un buen café". dijo Josefina.

"Gracias suegra", respondió Óscar.

Se sentó en el viejo y cómodo sofá de Josefina y dio un profundo suspiro. Luego soltó un suspiro.

Josefina, con precaución, dio un paso hacia abajo en el piso de la cocina, que estaba en un nivel más bajo que el piso de la sala y el comedor, y empezó a calentar el agua para el café. Gloria y Óscar se sentaron solos bajo el techo de la sala y se miraron. Gloria le sonrió. Él le sonrió. Ambos tenían ojos de cachorro y era evidente que el amor ahora era más fuerte que nunca.

Después de un rato, Josefina entró en la sala y le entregó a Óscar su taza caliente de buen café hondureño. Se sentó junto a él en el sofá. Gloria se sentó en una de las sillas de la mesa del comedor, y los tres hablaron y rieron durante un buen rato, y después de cinco horas enteras, los tres se sintieron cansados, y Óscar y Gloria decidieron que era hora de irse y dirigirse a su pequeña casa.

Ambos besaron y abrazaron a Josefina. Gloria le dio un abrazo extra, y se abrazaron fuertemente por un momento. Mientras tanto, Óscar se quedó afuera de la casa, y bajo la fresca sombra tropical del árbol de almendras de Josefina, y pensó en sus gallos de pelea. Pensó en entrenarlos un poco más, y también pensó en llevarlos a competir. Toda su vida, Óscar había sido un fanático de las peleas de gallos. Poseía setenta y dos gallos de pelea y sesenta y tres gallinas finas, también con un suspiro se imaginó trabajando sus colmenas allá en la propiedad de la montaña del cuñado Alonso.

Finalmente, Gloria salió de la casa de su madre, y pasó por delante del portón delantero, cerrándolo tras de sí.

¿"Vas a tomar el autobús de nuevo"? Óscar le preguntó.

¿"Quieres que vaya contigo"? ella preguntó.

"Solo si quieres, pero es un largo viaje, tal vez deberías tomar el autobús".

"Está bien, tomaré el autobús".

"Te acompañaré a la parada de autobús".

Ambos comenzaron a caminar hacia la colina de la calle principal, y a mitad de camino se voltearon y miraron la casa, como buscando a Josefina, y ella estaba allí, parada detrás del portón de su casa y bajo el techo de lámina de su porche. Gloria y Óscar le saludaron. Josefina les devolvió el saludo. Continuaron caminando y empezaron a subir la colina. Llegaron a la calle principal y la cruzaron, asegurándose de que no hubiera coches viniendo por ninguno de los lados. Llegaron a la parada de autobús. Óscar estacionó la bicicleta a un lado. Tomó la mano de Gloria. Gloria tomó la suya. Ambos se besaron. Sonrieron. Y esperaron a que llegara el autobús.

Después de un momento de espera, finalmente llegó el autobús. Gloria subió, pagó su tarifa. El autobús comenzó a moverse. Miró por las ventanas y buscó a su esposo. Todavía estaba allí. Parado, y esperando a que ella lo mirara. Sabía que lo haría. Y lo había hecho. Ambos se miraron y sonrieron. Óscar saludó. Gloria no lo hizo. Y su autobús estaba ahora muy lejos, dirigiéndose hacia su vecindario.

Óscar desbloqueó el pedal de estacionamiento de la bicicleta. Caminó y empujó un poco la bicicleta. Luego se subió a ella. Comenzó a pedalear. Y estaba en movimiento. Lentamente ganando velocidad. Ahora iba bastante rápido. Lo suficientemente rápido como para sentir y oír el viento en el oído.

Entre la casa de Josefina y la casa que Gloria y Óscar poseían, había seis millas de plantación de caña de azúcar. Mientras montaba en su bicicleta, Óscar se estableció en un ritmo cómodo de pedaleo y trabajó en ello sin siquiera darse cuenta. Había una agradable sensación de tarde fresca en el aire, y Óscar aún no había empezado a sudar. Había descansado sus rodillas durante cinco horas enteras y no se sentían débiles; en cambio, se sentían fuertes. Sus rodillas se sentían jóvenes y ligeras.

Montó en su bicicleta por el estrecho lado de la calle principal, que estaba polvoriento, y mantuvo la carretera para sí mismo allí, asegurándose de no montar en la carretera principal porque esta parte de la ciudad tenía mala reputación en cuanto a conductores. Óscar senior siempre había preferido su paseo en caballo en lugar del viaje en autobús porque conocía a demasiada gente, o debería decir que demasiada gente lo conocía a él, y para evitar la charla trivial, tomaría el camino largo porque el camino largo era solitario, tranquilo y pacífico.

A mitad de camino desde su casa, en medio de toda esa plantación de caña de azúcar, Óscar dejó de pedalear, y lentamente, él y su bicicleta dejaron de moverse. Había sido un día largo y lleno de nada. Sin acción. El sol se veía bueno y gigante, y naranja. Se sintió un poco sin aliento, pero eso estaba bien.

Justo donde Óscar se detuvo, justo allí en medio de la carretera y de la caña de azúcar, Óscar suspiró profundamente y pensó en sus hijos. Los hijos de Gloria eran los mismos hijos en los que Óscar pensaría cada vez que pensara en los suyos, y ahora Óscar pensaba en el más joven, Carlos Antonio Fuentes, quien recientemente se había mudado de la casa, y a este pequeño y simple lugar que él y su novia habían encontrado en las faldas de la montaña de Merendón.

"Maldita sea, Óscar, lo lograste". Se diría a sí mismo.

El sol centroamericano naranja se estaba poniendo lenta y majestuosamente, y a Óscar le encantaba atrapar el sol en su descenso, y todos los días a esta misma hora Óscar se aseguraba de estar al aire libre, mirando hacia el sol, pero nunca miraría directamente al sol, en cambio, disfrutaba contemplando la mezcla de colores en el cielo centroamericano en esta hora de la tarde, todos los días.

Hoy el cielo se ve más bonito que ayer, pensó Óscar, y mientras pensaba eso, se dio cuenta de cómo estaba oscureciendo y haciendo tarde, así que empujó su bicicleta, se subió a ella y siguió viajando hacia su casa. Los colores en el cielo se desvanecían, y el cielo ya no era tan bonito, y Óscar lo sabía, pero aun así seguía mirando hacia arriba mientras montaba en el viejo caballo. Luego Óscar escuchó una voz. La voz venía de detrás de él. Óscar giró la cabeza y miró hacia atrás. Desde atrás de él venía alguien montado en una bicicleta, pero la persona estaba demasiado lejos y Óscar no podía ver claramente el rostro. ¡Óscar!, La persona llamó de nuevo. Óscar volvió a mirar y decidió detenerse por completo. Dio la vuelta y esperó a la persona que había llamado su nombre dos veces. Era un anciano que le parecía familiar, pero no podía reconocer quién era. Entonces el hombre volvió a hablarle.

Línea de Tiempo Familiar

Mis Abuelos

Abuelo Toño (1921)

Abuela Nena (1924)

Abuelo Carlos (1926)

Abuelo Fina (1929)

Mis Padres

Gloria Esperanza
Fuentes Zuniga (1950)

Oscar Armando
Fuentes Aguirre (1953)

Yo y Mis Hermanos

Gissel Fuentes (1972)

Oscar Fuentes Jr. (1975)

Toñito Fuentes (1978)

<table>
<tr><td>Mis Tías-Tíos Zuniga</td><td>Mis Tías-Tíos Fuentes</td></tr>
<tr><td>Tio Alonso (1952)</td><td>Tio Marcos (1943)</td></tr>
<tr><td>Tia Aide (1954)</td><td>Tia Clara (1950)</td></tr>
<tr><td>Tia Miriam (1956)</td><td>Tio Rey (1948)</td></tr>
<tr><td>Tio Gerardo (1958)</td><td>Tia Rosita (1958)</td></tr>
<tr><td>Tia Lupe (1960)</td><td>Tio Salvador (1960)</td></tr>
<tr><td>Tia Julia (1963)</td><td>Tia Zulema (1962)</td></tr>
<tr><td>Tia Eldy (1966)</td><td>Tia Patricia (1967)</td></tr>
</table>

Mis Primos Zuniga

Carolina Zuniga (1975)

Jenny Zuniga (1976)

Carlitos Zuniga (1978)

Alonso Zuniga (1981)

Juan Carlos Zuniga (1984)

Stephanie Smith (1986)

Gerardo Issac Zuniga (1986)

Mariela Escoto (1987)

Walter Escoto (1989)

Arturito Smith (1990)

Carlos Alonso Zuniga (1990)

Manuel Alejandro Gomez (1992)

Daniel Escoto (1994)

Jonathan Josue Zuniga (1994)

Nadia Gerardina Zuniga (1996)

Brayan Gerardo Zuniga (1998)

Carlos Manuel Gomez (2000)

Valery Zoé Zuniga (2013)

Mis Primos Fuentes

Junior Fuentes (1970)

Enock Montes (1972)

Reycito Fuentes (1979)

Erica Fuentes (1976)

Reynaldo (Capita) Fuentes (19

Waleska Fuentes (1979)

Vanessa Alvarenga (1981)

Gabriela Montes (1982)

Karen Fuentes (1982)

Fabiola Montes (1983)

Miguel Alvarenga (1985)

Kevin Fuentes (1987)

Willie Serrano (1990)

Marcela Serrano (1992)

Fin

Epílogo

En este libro, las historias se presentan de manera independiente, sin un hilo conductor que las una, lo que puede dejar al lector sin una conclusión clara. Esta estructura refleja la desconexión entre las historias personales de mi familia, así como la falta de conclusión en nuestras vidas debido a pérdidas y separaciones. Al igual que los recuerdos de alguien con Alzheimer, estas historias a veces se mantienen en pie por sí mismas, fragmentadas y sin una imagen completa. Aunque originalmente opté por dejar las historias sin atar, como si pudieran sostenerse por sí solas, ahora veo que juntas no logran expresar completamente el dolor y la complejidad de nuestra familia. Esta incompletitud es una metáfora del vacío que queda al perder a seres queridos y al enfrentarnos a la dificultad de recordar y reconstruir nuestras historias. Mi intento de capturar estas experiencias en papel ha sido un desafío, ya que el arte a veces no puede explicarse fácilmente. Sin embargo, al reflexionar, veo que estas historias, a pesar de su desconexión aparente, son un reflejo fiel de un dolor más profundo en nuestra familia, un dolor que solo aquellos que comparten nuestro vínculo entenderán completamente. En este proceso, espero que tú, como lector, encuentres un poco de inspiración para sentir curiosidad acerca de tu propia historia familiar y las historias que conforman todas esas experiencias vividas y destinadas a ocurrir. Quiero que te encuentres aquí, leyendo estas historias que de tantas maneras definen quiénes somos y quiénes no somos. Que este viaje a través de nuestras narrativas te motive a explorar tu propio legado, a descubrir las conexiones y las desconexiones que moldean tu identidad y la de tu familia.

Oscar Fuentes

Otros Libros por Oscar Fuentes

Beautiful Women Will Never Know (2013)
4 Nights With Betsy (2014)
Vagabond: Selected Poems, Short Stories, and Plays (2015)
Welcome Home: Poems inspired by 1Hotel South Beach (2019)
Body Furnace (2021)
For the Love of Leotards (2022)
The Cock Fight (2022)
Oscar The Clown (2022)
Honey & Sting: Short Stories and Poems (2023)

Sobre el Autor

Nacido en Manhattan, Nueva York, de padres inmigrantes de Honduras, Oscar Fuentes es un artista multidisciplinario radicado en Miami, que ha estado compartiendo su talento y amor por las artes durante más de 30 años. Conocido por su apodo, The Biscayne Poet, Oscar ha dedicado más de tres décadas a compartir su talento y pasión por las artes. Es autor de ocho libros de poesía y prosa, entre ellos *Beautiful Women Will Never Know* (2013), *4 Nights With Betsy* (2014), *Vagabond: Selected Poems, Short Stories, and Plays* (2015), *Welcome Home: Poems inspired by 1Hotel South Beach* (2019), *For the Love of Leotards* (2022) y *Honey & Sting: Poems and Short Stories* (2023). Oscar también ha aparecido en revistas ilustradas como *Body Furnace* (2021), *The Cock Fight* (2022), and *Oscar The Clown* (2022).

Oscar también fue reconocido por la alcaldesa Daniella Levine Cava con el reconocimiento inaugural de la Mención de Poesía de la Alcaldía de Miami-Dade de destacadas contribuciones a la comunidad de arte literario del condado. Está representado por Indie Earth Publishing y utiliza la cinta de su máquina de escribir para bigote.

Instagram: @thebiscaynepoet

www.thebiscaynepoet.com

Sobre la Editorial

Indie Earth Publishing es una coedición independiente centrada en el autor. Una editorial para escritores fundada por una escritora, Indie Earth ofrece el apoyo y la asistencia técnica de las editoriales tradicionales sin pedirles a los escritores que comprometan su libertad creativa. Cada autor de Indie Earth es parte de una inspirada y creativa comunidad que sigue creciendo. Para más títulos de Indie Earth, o para consultar sobre la publicación, visite:

www.indieearthbooks.com

Instagram: @indieearthbooks

Para consultas, envíe un correo electrónico a:
indieearthbooks@gmail.com